라캉, 들뢰즈, 바디우와 함께하는 과잉 도시

도시의 정신분석 1

라캉, 들뢰즈, 바디우와 함께하는
도시의 정신분석 1

과잉 도시

지은이 / 장용순
펴낸이 / 강동권
펴낸곳 / ㈜이학사

1판 1쇄 발행 / 2024년 12월 31일

등록 / 1996년 2월 2일 (신고번호 제1996 - 000015호)
주소 / 서울시 종로구 율곡로13가길 19-5(연건동 304) 우 03081
전화 / 02 - 720 - 4572 · 팩스 / 02 - 720 - 4573
홈페이지 / ehaksa.kr
이메일 / ehaksa1996@gmail.com
인스타그램 / www.instagram.com/ehaksa_
페이스북 / facebook.com/ehaksa · 엑스 / x.com/ehaksa

ISBN 978-89-6147-466-5 04100
978-89-6147-469-6 04100(세트)

이 도서는 2024년 문화체육관광부의 '중소출판사 도약부문 제작 지원' 사업의 지원을 받아
제작되었습니다.

라캉, 들뢰즈, 바디우와 함께하는

도시의 정신분석

City as Excess

1

과잉 도시

장용순 지음

일러두기

1. 라캉, 바디우, 들뢰즈의 기본 개념에 대한 소개는 장용순, 『라캉, 바디우, 들뢰즈의 세계관』(이학사, 2023. 이하 『세계관』)을 바탕으로 한다. 따라서 이 책은 『세계관』과 공유하는 부분이 상당히 많다.
2. 『세계관』은 라캉, 바디우, 들뢰즈의 개념을 도식을 이용하여 상세하고 친절하게 설명하므로 현대 프랑스 철학을 처음 접하는 독자는 『세계관』을 먼저 읽기를 권한다.
3. 본문의 인용문은 지은이가 일부 표현을 수정하기도 하였다. 인용문의 고딕체 강조는 별도 언급이 없는 경우 지은이가 한 것이다.
4. 부호의 쓰임은 다음과 같다.

   『 』: 도서명

   「 」: 논문, 장 제목

   〈 〉: 영화, 회화, 강연, 세미나 제목, 도식, 표, 그림 제목

   ( ): 지은이의 부연 설명

차례

감사의 글

이 책이 완성되기까지 오랜 시간 동안 많은 분의 도움이 있었다. 지도 교수님이셨던 알랭 바디우 선생님, 학부 때부터 지금까지 철학에 대한 깊이 있는 통찰을 가르쳐주신 김상환 교수님, 그리고 책을 통해 간접적으로 만났던 많은 저자와 연구자들께 감사드린다.

난해한 책의 출판을 결심해주신 강동권 대표님, 부족한 문장들을 정성껏 다듬어주고 읽을 수 있는 글로 만들어주신 임양희 편집장님과 김다혜 편집자님, 표지를 디자인해주신 박솔 디자이너님께도 감사드린다. 그리고 인생의 스승이자 조언자로서 철학에 대해 많은 것을 알려주신 형님과 부족한 아들을 항상 걱정해주시고 평생 뒷바라지해주신 부모님께 깊은 감사를 드린다.

도시의 정신분석을 시작하며

팬데믹, 자연재해, 후기자본주의의 팽창, 도시의 위기

≪라캉, 들뢰즈, 바디우와 함께하는 도시의 정신분석≫ 시리즈는 2012년 처음 구상했고, 2018년 안식년에 라캉에 대한 내용을 쓰기 시작했으며, 2020년부터 시작된 코로나19 팬데믹 시기 동안 많은 부분을 썼다. 그래서 이 책은 후기자본주의의 팽창과 더불어 코로나 팬데믹이 던지는 물음에도 답하고자 한다. 자연을 정복할 수 있다고 믿었던 인간의 무분별한 팽창은 자연의 저항에 부딪혔다. 기후변화에 따른 홍수, 가뭄, 산불 같은 자연재해와 팬데믹은 자연의 응답이다. 이제 점점 더 많은 사람이 인간은 지구라는 신체에 홈을 파고, 상처를 만드는 병적 존재라는 생각을 하고 있다. 전쟁, 기후변화, 전염병은 적절한 분출이 없는 인간의 과잉생산과 과잉 축적의 결과물이라고 볼 수 있다.

현대 자본주의사회와 도시가 직면한 이러한 위기를 정신분석과 철학의 관점에서 진단하고 해결책을 모색해보는 것이 이 책의 목적이다. 즉 이 책은 인류가 오늘날까지 문명을 만들면서 자행한 자연과 무의식에 대한 무분별한 정복이 팬데믹, 기후변화, 경제공황 같은 여러 가지 증상으로 다시 돌아오고 있다고 보고, 이 총체적 위기의 상황에서 도시, 사회, 경제, 철학을 아우르는 종합적인 성찰을 시도하는 것이다.

무한, 유한, 혼돈, 질서, 니체, 맑스, 프로이트, 라캉, 들뢰즈

이 책은 어떻게 무한한 혼돈chaos[1]으로부터 유한한 질서cosmos가 발생하는가라는 질문으로 시작한다. 무질서하지만 무한한 에너지와 가능성을 내포하고 있는 혼돈은 태초의 상태다. 질서가 먼저 있었던 것이 아니라, 혼돈이 질서보다 더 근본적인 상태라는 생각은 19세기 말과 20세기에 본격적으로 나타났다. 니체는 진리가 관점에 따라서 달라지는 일시적인 것이라고 생각했고, 맑스는 사회질서가 경제적 하부구조의 산물이라고 설명했다. 프로이트는 우리가 알고 있는 의식이 무의식의 일부분임을 밝혀냈다. 라캉은 무한한 에너지와 혼돈의 상태에 '실재'라는 이름을 붙였다. 들뢰즈는 동일성에 앞서는 차이와 잠재성에 대해 평생 탐구했다. 이런 사유들은 영원한 것으로 생각되었던 개념, 진리, 의식이 사실은 혼돈을 억압하여 일시적으로 고정시킨 것이라는 견해를 공유한다.[2] 따라서 이 책은 혼돈이 가지는 무규정적인 흐름을 한시적으로 고착화한 것이 정신, 도시, 사회, 문명이라고 본다. 이것이 이 책의 기본적인 생각이다.

열역학적 기계, 카오스, 코스모스, 카오스모스

정신, 도시, 사회, 문명, 경제, 유기체, 기계는 혼돈(카오스)의 흐름을 에너지원으로 삼아 작동하는 열역학적 기계와도 같다. 이러한 질서의 체계는 무한한 흐름을 채취[3]해서 만들어진 것으로, 그 속에 혼돈의 힘이 봉인되어 있다. 즉 혼돈이 범람하는 것을 지연시키고 억눌러서 일시적인 질서를 유지하고 있으며, 힘의 원천인 혼돈을 조금씩 새어 나오게 하여 그것을 에너지원으로 삼아 살아가고 있는 것이다. 혼돈을 얼마나 억제하고 얼마나 흘려보내는지에 따라서 다양한 종류의 정신 병리가 발생하고 서로 다른 경제체제가 형성된다. 그것은 마치 물레방아의 작동 원리와 같다. 물레방아가 거센 물살에 너무 많이 노출되면 과잉 흐름으로 고장이 날 수도 있지만 반면에 물살이 너무 없으면 물레방아가 아예 작동하지 않는 것이다. 모든 체계는 질서만으로 운영되는 것이 아니라 혼돈이라는 에너지원과 결합되어 있다. 들뢰즈와 과타리는 이러한 개념을 카오스와 코스모스의 합성어인 카오스모스chaosmos라고 불렀다.

혼돈과 질서의 발생 이론, 흐름에 대한 일반 이론

이 책에서 다루는 것은 혼돈으로부터 질서가 생겨난다는 발생 이론이고, 흐름에 대한 일반 이론이다. 흐름은 자연, 정신, 경제, 도시 전반에 적용될 수 있다. 이 책에서는 정신, 유기체, 경제, 사회, 도시의 구조가 밀접한 연관성을 가지고 있음을 강조하는데, 이것들이 공통적으로 흐름, 환상, 혼돈으로 구성되어 있기 때문이다. 프로이트, 라캉, 맑스, 들뢰즈, 바디우는 각각 리비도, 실재/상상/상징, 자본, 잠재성, 사건이라는 용어를 쓰면서 각자의 방식으로 흐름, 환상, 혼돈의 구조에 대해서 설명했다.

이 책의 내용

이 책은 이러한 흐름, 환상, 혼돈 개념을 중심으로 정신과 도시 안의 리비도의 흐름 및 그 축적, 과잉, 증상에 대해 알아본다.

1권 『과잉 도시』는 과잉으로서의 도시를 뜻한다. 무한과 유한, 물질대사를 다루며 정신, 사회, 도시를 작동하게 하는 공통적인 요소로 흐름을 제시한다. 리비도, 자본, 물류의 흐름은 생명체와 도시를 살아 있게 하는 핵심이다. 여기서는 무한의 흐름이 어떻게 절단되고 채취되어 유한의 체계(시스템) 안에 담겼는지, 그리고 그 과정에서 어떻게 도시와 사회가 발생했는지를 살핀다. 먼저 원시사회, 전제군주사회, 초기자본주의사회(규율사회), 후기자본주의사회(성과사회)에서 흐름이 어떻게 작동했는지를 알아본다. 자본의 흐름을 어떻게 통제하느냐에 따라서 공산주의, 자본주의 등으로 체계가 나뉘고, 리비도의 흐름을 어떻게 조절하느냐에 따라서 신경증, 도착증, 정신병 같은 병리 현상이 나타난다. 이러한 흐름을 통제하는 방식은 상징계의 구성 방식을 결정한다. 다음으로 흐름의 집중, 축적, 과잉이 현대 자본주의사회와 도시를 어떻게 구성하고 있는지 논하고, 자본주의의 태생적 특징인 과잉생산, 과잉 축적으로 인해 경제, 사회, 도시에서 발생하는 문제들을 다룬다. 나아가 이 문제들이 정신에서 리비도의 흐름이 만들어내는 신경증, 정신병의 증상과 연결되어 있다고 분석한다.

2권 『환상 도시』는 환상으로서의 도시를 뜻한다. 여기서는 정신, 사회, 도시에서 작용하는 환상에 대해 분석하는데, 이때 환상은 이야기, 신화, 종교, 이데올로기라는 다양한 이름으로 불린다. 환상은 호모사피엔스가 갖는 독특한 특징으로서 오늘날의 종교와 이데올로기를 만들었으며, 자본주의의 화폐, 가치, 물신 모두 환상 없이는 성립하지 않는다. 상상계의 역할은 상품의 가치, 정치적 이데올로기를 구성하는 데 필수적이다. 여기서는 환상이 우리를 어떤 식으로 지배하고 있는지 살피고 그로부터 벗어날 수 있는 가능성을 모색하고자 한다. 또한 19-20세기 자본주의를 대표하는 도시 파리와 뉴욕이 어떻게 욕망과 환상 위에서 성립되었고 어떤 정신 병리와 연관이 있는지 알아보며, 신경증, 도착증, 정신병 같은 정신 병리가 시대에 따라서 사회와 도시에서 어떤 다른 양상들로 나타나는지 살펴본다.

3권 『사건 도시』는 사건으로서의 도시를 뜻한다. 여기서는 혼돈과 실재를 다룬다. 앞서 말했듯이 인간은 무한의 흐름을 유한의 체계 안에 포착하려 하지만 전부 포착할 수는 없다. 이에 포착되지 않은 무한의 혼돈이 유한의 체계에서 어떤 변화를 일으키는지 살피고 그 증상을 분석한다. 우리의 정신, 사회, 도시는 그 원천인 혼돈의 에너지가 끓어오르려는 것을 억압하고 있다. 이러한 억압 때문에 정신, 사회, 도시, 즉 우리의 문명에는 불만이 생겨난다. 이 불만과 함께 시스템에서 무한의 에너지가 모습을 드러내는 것을 라캉은 실재의 귀환이라고 불렀고, 바디우는 사건이라고 불렀다. 이것들이 이끌어내는 것은 시스템을 변화시킬 수 있는 가능성이다. 여기서는 들뢰즈와 바디우의 이론이 복잡계과학과 어떻게 연관되며 변화에 대해 어떤 설명을 제공하는지를 살핀다. 나아가 과잉 축적의 현대사회와 도시에서도 무한의 실재가 도래할 수 있을지 그 가능성을 탐구한다.

라캉의 개념에 기반하면 1권은 상징계에 대해서, 2권은 상상계에 대해서, 3권은 실재계에 대해서 집중적으로 논한다고 볼 수 있다. 이 책은 과잉, 환상, 사건을 키워드로 라캉, 들뢰즈, 바디우, 바타유, 푸코, 칸트, 괴델, 맑스, 지젝 같은 철학자들을 가로지르며 자본주의사회를 진단하고 그 대안을 모색한다.

시리즈의 구성

1권은 세계사를 흐름의 관점에서 재구성하고 정신분석과 연결 짓는 시리즈 전체의 서론이자 문제 제기에 해당한다. 2권은 1권에서 제기한 문제들을 깊이 있게 살피고 논의를 전개하기 위해 철학적 개념들을 제시하며 정교화한다. 3권은 1권에서 제기한 문제들과 2권에서 정교화한 개념들을 바탕으로 시스템의 변화 가능성을 탐색하는 시리즈 전체의 결론에 해당한다. 1권만 읽은 독자는 설명이 부족하다고 느낄 수 있는데, 1권은 2, 3권에 본격적으로 등장하는 대상 *a*, 증상, 환상, 도착, 실재 같은 중요한 개념들을 아직 도입하지 않고 서술하기 때문이다.

책 전반의 어조와 난이도는 조금씩 다르며, 다소 어렵게 느껴질 수 있는 부분은 뒤에서 더 자세한 설명을 제시하므로 전체를 읽은 후에 다시 읽으면 훨씬 쉽게 읽을 수 있다. 따라서 시리즈를 통독하기를 권하며, 시리즈의 구성도 뫼비우스의 띠와 같아 3권까지 읽고 나서 다시 1권을 읽으면 3권에서 도출하는 결론의 단서들이 1권부터 있었음을 알 수 있을 것이다.

자본주의, 정신분석, 들뢰즈, 과타리, 지젝

이 책은 도시와 정신을 평행적으로 두고 설명한다. 이렇게 사회구조와 정신분석을 연결 짓는 설명 방식을 시도한 몇몇 선례가 있다. 68혁명의 정신을 담고 있다고 평가되는 들뢰즈와 과타리의 『안티 오이디푸스』는 정신분석에 대해 비판적 태도를 취하면서도 탈영토화, 탈코드화의 운동과 분열증, 편집증의 증상으로 원시사회에서부터 자본주의사회까지의 변화를 분석한다. 또 다른 예는 슬라보예 지젝의 『이데올로기의 숭고한 대상』으로, 이 책은 신자유주의 시대에 들어선 자본주의를 살피고 라캉 정신분석의 환상, 실재, 증상 개념으로 자본주의와 이데올로기를 분석한다. 이 시리즈는 이런 책들로부터 영향을 받았다.

『라캉, 바디우, 들뢰즈의 세계관』과의 연관성, 이 책의 독자층

이 책의 구성에서 중요한 분석틀은 라캉, 들뢰즈, 바디우의 철학이다. 이 철학자들에 대해서는 여기서도 설명하지만, 사전 지식이 없다면 내가 2023년에 출간한 『라캉, 바디우, 들뢰즈의 세계관』을 먼저 읽는 것이 이해에 큰 도움이 될 것이다. 『라캉, 바디우, 들뢰즈의 세계관』에서는 세 철학자의 철학을 도식을 통해 친절하고 일목요연하게 정리하여 설명하므로 철학을 모르는 독자나 초심자도 쉽게 이해할 수 있다.

또한 이 시리즈는 나의 ≪현대 건축의 철학적 모험≫ 시리즈와도 연관성을 갖는다. 이전 시리즈에서 들뢰즈와 연관된 건축을 주로 다뤘다면, 이번 시리즈에서는 들뢰즈의 리좀이나 매끄러운 공간 개념이 갖는 한계를 지적하고 분석 범위를 도시 공간으로 확장시켜 라캉, 들뢰즈, 바디우의 개념을 연결하며 다른 철학자들의 개념까지 다룬다.

이 책은 프랑스 철학과 현대도시에 관심 있는 독자들을 일차적인 대상으로 하지만, 『라캉, 바디우, 들뢰즈의 세계관』처럼 도식을 이용해서 설명하고 있기 때문에 일반인들이나 철학에 관심이 있는 학생들도 읽을 수 있을 것이다. 이제 도시의 정신분석을 시작해 보자.

서론

무한한 흐름에서 유한한 문명이 어떻게 생겨나는가? 흐름과 도시는 어떤 연관성을 갖는가? 사회와 정신 병리는 어떤 연관을 보이는가?

1권에서는 먼저 무한한 자연의 흐름이 어떻게 분절되면서 유한한 문명 체계가 되는지 그 양상을 원시시대에서 시작해 고대, 중세, 르네상스, 바로크 시대를 거쳐 근대와 현대까지 살핀다. 푸코의 시대구분을 따라 르네상스, 고전주의, 근대에 시대정신으로서 에피스테메가 어떻게 형성되는지를 살펴보고 그것이 한병철이 말하는 근대 규율사회와 현대 성과사회의 구분과 어떻게 연결되는지 분석한다.

이를 통해 대답해보려는 질문들은 다음과 같다. 각 사회의 체계는 도시에서 어떤 시설들을 발생시킬까? 도시의 양상들은 신경증과 정신병 같은 정신 병리와 어떤 연관성이 있는가? 이 정신 병리는 현대도시의 비장소, 정크 스페이스의 성격과 어떻게 연결되는가?

모든 경계가 사라지고 자유를 누릴 수 있는 현대에 우리는 왜 여전히 만족스럽지 않은가? 이데올로기, 정치, 종교, 학문, 예술이 자본 앞에 녹아내리는 매끄러운 세상에서 우리는 왜 해방감을 느끼지 못하는가?

흐름은 왜 중요한가? 리비도, 자본, 물류의 흐름은 생명체와 도시를 살아 있게 하는 핵심적인 요소이다. 흐름의 집중, 축적, 과잉은 현대 자본주의사회와 도시를 어떻게 구성하고 있는가?

그다음에는 에너지의 순환과 축적의 관점에서 도시와 문명을 살핀다. 과연 자본주의 다음의 사회는 어떤 체계일까? 이에 답하기 위해 원시사회, 전제군주사회, 자본주의사회라는 들뢰즈와 과타리의 구분을 제시하고, 각 시대에서 다음 시대로 이행할 때마다 과잉생산과 과잉 축적에 대한 저항이 존재함을 알아본다. 그리고 에너지의 순환 측면에서 사회와 도시를 바라보는 바타유와 맑스의 논의에 기초해 흐름의 과잉에 시달리는 현대도시에 대한 대안을 모색한다.

즉 1권은 실재의 흐름에서 상징계가 어떻게 구성되고 유지되는지를 생태적인 관점에서 다룬다. 주로 등장하는 인물은 푸코, 한병철, 들뢰즈, 콜하스, 벤야민, 바타유, 맑스이다.

1부 흐름으로서의 도시

1장 무한에서 유한으로

흐름의 채취, 농업도시, 상업도시, 산업구조, 도시 조직

무규정적 흐름, 흐름의 채취, 도시의 시작, 기계로서의 도시

최초의 도시는 어디에서 생겨났을까? 최초의 도시는 물의 흐름이 있는 해안가나 강가에서 형성되었다. 흐름의 관점으로 보면 도시는 자연에너지의 흐름을 쉽게 사용할 수 있는 곳에서 생겨났다고 말할 수 있다. 메소포타미아의 유프라테스강과 티그리스강, 이집트의 나일강은 비옥한 삼각주의 땅에 물을 공급해주었다. 도시는 그러한 무규정적 흐름을 채취하고 통제하는 데에서부터 시작되었다. 인공이 개입되지 않은 혼돈, 자연의 상태를 이 책의 도식에서는 빨간색으로 표현할 것이다. 이는 무규정적인 흐름과 에너지가 있는 상태이다.

이러한 자연의 상태에 인공이 개입하면서 혼돈에 질서가 생겨나고, 흐름이 규제되고, 에너지가 통제되기 시작한다. 이것이 문명과 도시의 시작이다. 인공, 질서를 파란색으로 표시해보면, 〈도식 2〉처럼 인공의 도시와 문명은 자연의 에너지를 활용하고 통제하면

도식 1. 자연, 혼돈, 흐름, 에너지

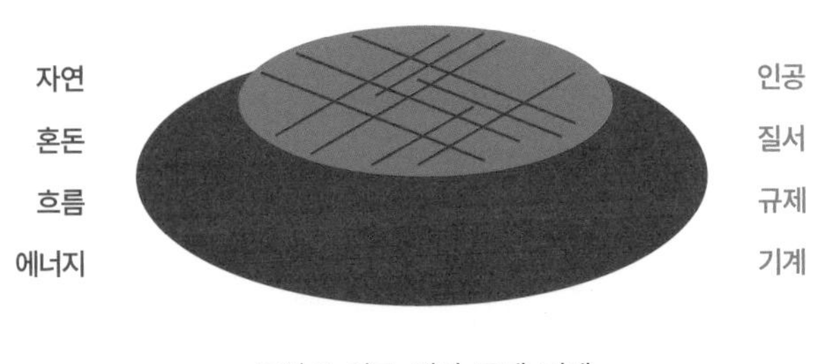

도식 2. 인공, 질서, 규제, 기계

서 혼돈의 자연 위에 만들어진다.

예컨대 자연의 흐름을 통제하기 위해서 로마에서는 도로를 내고 수도교를 만들어서 상수도를 보급하였고, 중국에서는 운하를 파고 성벽을 쌓았다. 또 인간은 자연의 힘을 채취하기 위해 기계장치를 만들어 사용했다. 물레방아를 만들어 수력을 채취했고, 풍차를 만들어 풍력을 채취했던 것이다.

자연은 인간에게 두 가지 상반된 모습으로 나타났다. 적당한 햇빛, 빗물, 바람은 인간에게 에너지를 공급해주었지만, 폭염, 가뭄,

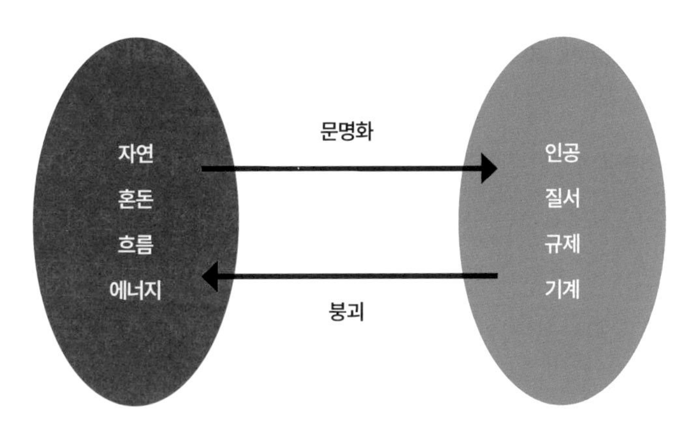

도식 3. 자연의 흐름과 인공의 질서

홍수, 해일, 폭풍, 태풍 같은 무규정적인 자연의 힘은 인간이 감당할 수 없는 카오스와 재난이었다.[1] 이겨낼 수 없는 자연의 힘 앞에서 인간은 세상 너머 신의 존재를 느끼고 자연을 신으로 섬겼다.

도시는 무규정적 흐름으로부터 인간을 방어하고 자연을 조절해서 활용하는 데에 매우 효과적인 거대한 기계였다. 인간은 이 무규정적인 에너지의 흐름을 통제하고 채취해서 질서 잡힌 인공의 도시를 만들었다. 즉 도시가 기반하는 근본적인 에너지원은 혼돈스러운 자연의 흐름인 것이다. 이러한 자연과 인공의 관계를 좌우로 펼쳐 〈도식 3〉과 같이 표현할 수 있다.

농업도시, 고딕 성당, 경쟁과 과시, 축적된 에너지의 소비

적당한 햇빛과 물이 주어진 비옥한 토지에서는 농업도시가 발달했다. 9세기에는 유럽의 대표적인 곡창지대인 프랑스의 부르고뉴 지방에서 수도원 도시들이 발달하면서 로마네스크양식의 수도원들과 교회들이 지어졌다. 11세기에는 쟁기, 고삐 같은 도구와 삼모작, 공동경작 같은 농업기술의 발전으로 농업 생산량이 증가해서 파리 주변의 일 드 프랑스[2] 지역에 경제적 여유가 있는 도시들이 생겨났고, 사람들은 축적된 부를 바탕으로 경쟁적으로 성당을 만들기 시작했다. 이 파리 주변 지역에서는 부르고뉴 지방의 로마네스크양식과 차별화되는 새로운 양식을 고안했는데, 그것이 바로 고딕양식이다. 이렇게 경제의 발전은 문화의 차별화를 끌어내고 도시 간의 경쟁을 촉진시켰다. 파리, 아미앵, 랭스, 샤르트르는 서로 경쟁하듯 고딕 성당의 높이를 높였다. 루카, 산지미냐노, 시에나 같은 이탈리아 중부 토스카나 지방의 중세 도시들은 앞다투어 탑을 만들었고, 이 역시 경쟁과 과시를 목적으로 했다. 이런 건축물들은 경제의 발전으로 생겨난 필요 이상의 과잉 축적된 에너지를 소비할 수 있는 효과적인 방법이기도 했다.[3]

상업도시, 산업도시, 산업구조, 도시 조직

생산량이 늘어나고 교역이 증가하자 물류와 사람이 지나다니는 교통의 요충지에서는 상업도시가 발달했다. 중세에 성지순례로 인

랭스 고딕 성당 1

산지미냐노 2

해 순례길 위의 도시들이 발달하고 십자군원정으로 인해 원정 경로 위의 도시들이 발달했다. 가령 피렌체, 베네치아 같은 이탈리아의 도시들은 십자군원정의 혜택을 받았다. 14세기 베네치아의 경우 십자군원정의 교차로에 있었고, 지중해 교역의 중심지였기 때문에 상업적으로 성공한 도시가 될 수 있었다. 그뿐만 아니라 베네치아의 도시 구조에도 비결이 있었다. 운하 도시인 베네치아는 육로와 수로가 모세혈관의 정맥과 동맥처럼 만나 수로로 운송된 물자가 육로로 쉽게 전해질 수 있는 구조를 이룬다. 실핏줄처럼 퍼져 있는 운하와 골목길이 도시 곳곳에 흐름을 원활하게 전달해주는 역할을 한다. 베네치아는 유럽과 중동을 연결하는 지리상의 거시적인 흐름과 운하와 골목길이라는 미시적인 흐름이 얽혀 만들어진 거대한 기계인 셈이다.

또 다른 예로는 17세기에 상업적으로 성공한 도시인 암스테르담이 있다. 암스테르담의 운하 구조 역시 육로와 수로를 통한 물자 수송을 용이하게 했다. 철도가 생기기 전까지 물류와 사람의 이동은 마차와 배에만 의지했고, 주로 육로와 수로가 만나는 곳에서 도시가 발달했다. 베네치아와 암스테르담 같은 도시는 육로와 수로가 얽혀 좁고 깊은 세장형 평면을 이루었다. 도시의 구획과 조직에는 그 도시의 산업구조가 반영되는데, 흐름을 채취하기 가장 쉬운 구조로 도시가 발전하기 때문이다. 18세기 증기기관과 철도의 부상은 흐름의 양상을 수로 중심에서 육로 중심으로 변화시켰다. 그래서 산업혁명 이후에 도시는 자원과 상품을 생산하고 이동하기 쉽도록 공장과 철도역 주변으로 발달하게 되었다.

베네치아의 도시와 운하 1
암스테르담의 도시와 운하 2

도시, 세포, 정신, 리비도, 심리 상태

도시의 발달은 세포와 유기체의 발달 과정과 유사하게 이루어진다. 세포는 외부와 내부를 나누는 세포막에서 시작된다. 무규정적인 흐름에 경계가 만들어지는 것이 세포의 시작이다. 그런데 이때 세포는 외부의 흐름을 통해서 에너지를 흡수한다. 즉 세포막은 외부의 흐름에 대한 방어벽이면서 흡수 장치라고 할 수 있다. 도시의 경계도 같은 기능을 한다. 단세포생물이 진화를 거듭할수록 생명체에 흐름을 담당하는 혈관 조직이 생기듯이 도시에는 점차 길과 수로가 만들어진다. 모세혈관을 통해 영양분이 공급되고 노폐물이 흘러나오듯이 도시에는 상하수도가 생겨난다. 혈관에 면한 세포조직이 최대한 에너지의 흐름을 채취하기 쉽게 배치되듯이 도로에 면한 필지筆地는 물류와 사람의 흐름을 채취하기 쉽게 배치된다. 호흡기, 소화기, 순환계, 신경계가 산소, 이산화탄소, 영양분, 노폐물이나 생체 전기의 흐름을 조절하듯이 도시의 여러 기관은 가스, 전기, 통신, 도로의 흐름을 조절한다. 이렇게 생명체와 도시는 자연의 무제한적인 흐름을 채취하면서 동시에 방어한다. 흐름의 거시적 관점에서 생명체와 도시는 최종 종착지가 아니라 무한한 에너지를 이용하는 중간 단계에 지나지 않는다.

이러한 흐름의 원리는 인간 정신에도 적용된다. 프로이트는 인간의 정신이 성적 에너지인 리비도libido의 흐름에 따라서 작동한다고 보았다. 무제한적인 흐름을 어떻게 채취하는지에 따라서 다양한 형태로 도시가 만들어지고 세포의 조직이 형성되는 것처럼 리비

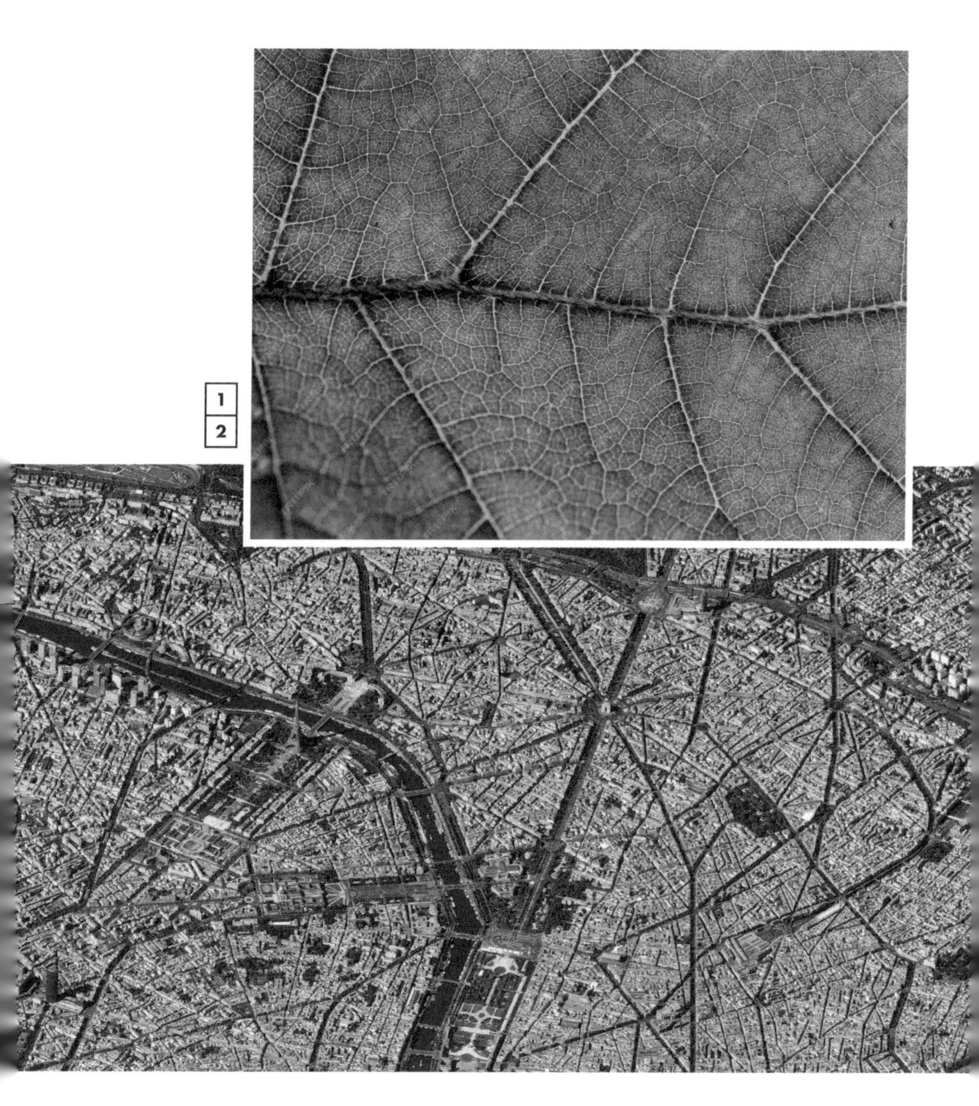

식물세포 조직 1
파리 도시 조직 2

도의 흐름을 어떻게 채취하고 방어하는지에 따라서 신경증, 정신병, 도착증 같은 심리 상태들이 나타난다. 이러한 정신 병리의 문제를 탐구하기에 앞서 논의의 기반이 되는 도시의 발전에 대해 더 살펴보자.

2장 유한에서 다시 무한으로

대항해시대, 바로크, 무한의 재현, 박물관, 동물원

대항해시대, 자원과 자본의 무한 순환

도시는 어떻게 무한히 확장하게 되었을까? 15세기에 대항해시대가 시작되고 인류는 땅끝까지 뻗어나갈 수 있다는 자신감을 갖게 되었다. 대항해시대는 최초로 자본, 물류, 재화의 흐름을 전 세계적인 차원으로 확장시켰다. 실크로드를 통해 교류할 때는 운반수단으로 말이나 낙타를 이용했기 때문에 소량의 물건이 느린 속도로 움직였지만 대항해시대에는 대형 선박으로 대량의 물류와 사람이 이동할 수 있었다. 유럽-신대륙-아프리카라는 세 땅이 중심이 되어 신대륙의 사탕수수와 금을 유럽으로 실어나르고, 유럽의 자본과 가공품을 신대륙과 아프리카로 가져가고, 아프리카의 노예를 신대륙의 농장과 광산으로 보냈다. 이렇게 유럽-자본, 신대륙-자원, 아프리카-노동력이라는 삼위일체의 흐름이 형성되었으며, 그에 기반한 자원과 자본의 무한 순환이 세계경제체제의 서막을 알렸다.

루치아노 라우라나, 1470, 르네상스 이상 도시의 투시도

투시도, 무한, 르네상스, 바로크건축

이탈리아의 레온 바티스타 알베르티와 독일의 알브레히트 뒤러는 투시도법을 발명했다. 그 이전의 회화에서는 등각 투상법isometric이 사용되었기에 무한이 화면에 잡히지 않았다. 한편 투시도법은 소실점을 포착해 무한을 유한한 화폭 안에 담는 재현의 방법이었다. 하지만 투시도법이 나온 뒤에도 르네상스 시대의 건축이나 회화에서는 무한을 표현하는 소실점을 직접 노출시키지 않았는데, 그 이유는 르네상스 시대의 관심이 아직은 무한보다 질서 잡힌 유한에 있었기 때문이다.

르네상스 시대에 무한을 재현하는 방법을 발견하고도 아직 유한에 머물렀다면, 바로크 시대는 본격적으로 무한에 관심을 갖는 시대였다. 예외적으로 르네상스 시대의 조각가 겸 건축가 미켈란젤로는 시대를 앞서서 바로크적 방법을 미리 사용했다. 미켈란젤로는 캄피돌리오광장을 구상하면서 무한히 뻗어나가는 느낌을 주기 위해 왜곡된 원근법을 썼다. 광장을 사다리꼴로 설계해 좁은 진입 방향에서는 투시도 효과가 완화되면서 광장 안쪽에 있는 건물이 가까워 보이게 하고, 반대로 광장 안쪽에서 도시를 볼 때는 투시도 효과가 강조되면서 광장과 건물이 무한히 먼 지평선으로 뻗어나가는 것처럼 보이게 하고, 언덕으로 올라오는 경사면이 보이지 않게 한 것이다. 이것이 투시도법을 이용한 바로크적 방법이었다.

17세기의 바로크건축과 도시계획은 무한히 뻗어나가는 도시 형태에 왕의 권력과 인간의 힘을 표현하고자 했다. 베르니니는 바티칸의 성 베드로 광장을 설계하면서 사다리꼴의 평면과 타원형 광장을 중첩시켜 지평선이 더 멀리 보이고 건물이 무한히 뻗어나가는 것처럼 보이는 왜곡된 원근법을 썼다. 또한 바로크 정신에 입각한 베르사유궁전과 정원의 배치는 무한히 뻗어나가는 왕권을 과시하고 이성의 힘을 강조한다. 르네상스 시대에는 유한과 질서의 완결성을 추구했던 반면 바로크 시대에는 무한과 미완성의 개방성에 관심을 가진 것이다. 바로크 시대의 이런 무한에 대한 관심은 급기야 수평선을 넘어서 신대륙에 대한 관심으로도 이어진다.

어쩌면 인간의 불행은 유한 안에 무한을 담으려는 것에서부터 시작되었다고 말할 수 있을 것이다.

미켈란젤로, 캄피돌리오광장

바티칸의 성베드로대성당 1

베르사유궁전 2

바로크 수학, 미적분, 라이프니츠, 스피노자

바로크 시대는 수학과 철학 분야에서도 무한에 대한 연구가 본격적으로 진행된 시대였다. 물론 그 이전에도 무한에 대한 연구는 있었다. 고대 그리스시대에 제논과 아리스토텔레스는 무한 개념을 고민했지만 역설적인 한계에 도달했다. 중세의 스콜라철학은 미적분의 발견에 영향을 준 구분구적법을 연구했다. 이후 쿠자누스는 무한자로서의 신에 대해 고민했는데, 그는 신보다 더 큰 것도 더 적은 것도 존재하지 않기에 신은 무한대인 동시에 무한소라고 생각했다. 쿠자누스에게 신은 반대되는 것까지 모두 포함하는 존재로 '대립의 일치coincidentia oppositorum'일 수밖에 없었다.

무한소, 무한대, 극한의 문제는 17세기 바로크 수학자들의 주요한 고민거리였다. 페르마는 극대, 극소의 문제를 풀기 위해서 적절성adequality이라는 개념을 도입했다. 이 극대, 극소의 문제는 미적분 발견의 밑거름이 되었다. 17세기 후반은 뉴턴과 라이프니츠의 시대였다. 이제 인류는 무한을 수학적으로 다루게 되었다. 뉴턴은 시간에 따라 변화하는 함수의 순간변화율[4]을 구하기 위해 무한소를 이용했고,[5] 라이프니츠는 함수의 접선의 기울기를 구하면서 미분소 dx를 만들었다.[6] 이렇게 발견한 미분법은 흐름으로 세계를 파악하고 형태가 아닌 변화의 관점에서 세상을 보는 방법이라 할 수 있다.

철학적으로는 무한소에 관심을 가진 라이프니츠가 우주의 모든 속성과 사건이 주름으로 접혀 있다는 '모나드monade' 개념을 만들었고, 무한대에 관심을 가진 스피노자가 우주의 모든 양태를 포함하는 실체로서 '자연Nature' 개념을 제시했다.

바로크, 계몽주의, 대학, 백과사전

바로크 시대는 영토 확장의 시대이자 유한을 넘어서는 무한을 발견하는 시대였다. 또한 이 시대는 주름이 접히는 시대, 자본의 축적이 시작되고 사치가 등장하는 시대이기도 했다. 이 시대에 인간의 이성과 욕망이 우주의 무한까지 뻗어나갈 수 있다는 생각이 싹트기 시작했고, 이런 생각은 18세기 계몽주의 시대에 이성의 빛으로 세상을 무한히 밝힐 수 있다는 믿음으로 이어졌다. 그리하여 이성의 빛을 교육할 많은 학교와 대학을 세웠고, 여러 분야에서 유행처럼 백과사전을 만들었다. 백과사전은 바로 무한의 세계를 유한 안에 재현하는 방법이었다.

박물관, 미술관, 동물원, 식물원, 도서관

대항해시대 이후로 여러 대륙을 오가면서 진기한 물품들의 수출입이 가능해졌다. 유럽은 다양한 문명의 유적과 유물을 약탈해서 자국으로 가져왔다. 하인리히 슐리만은 미케네문명과 트로이의 유적을 발굴했다. 또 이집트와 그리스 유적이 재발견되면서 18-19세기에는 고고학이 발달했다. 이러한 경향은 건축에서 신고전주의 양식을 발전시켰다. 한편 왕족들과 귀족들은 외국의 유물들을 수집하기 시작했다. 그들은 개인 수장고에 넘쳐나는 유물들을 주변 사람들에게 보여주며 과시했고, 특정 날짜에 일반 대중에게 관람할 수 있는 기회를 제공하기도 했다. 프랑스대혁명 시기에는 이러한 귀족들의 수집품들을 징발해 루브르궁에 진열하고 1793년 일반 대중에게 공개했는데, 이것이 근대 박물관의 기원이다. 또한 이런 식으로 여러 나라의 미술품을 모아두고 공개하면서 생겨난 것이 미술관이다.

동물원과 식물원 역시 이와 비슷한 경위로 시작되었다. 상인들은 각지의 희귀한 동식물들을 배에 실어와 왕이나 귀족들에게 팔아 수입을 올렸다. 근대 동물원의 시초로는 1752년 마리아 테레지아 황녀의 남편인 프란츠 슈테판이 오스트리아 쇤브른궁 옆에 아프리카 여행에서 수집한 동식물들을 전시하고 1756년 대중에게 공개한 것을 꼽는다. 이후로 진기한 동식물들을 모아놓고 국가의 권위를 과시하기도 했고, 대중에게 스펙터클을 제공하기도 했다. 영화 〈킹콩〉은 진기한 동물을 스펙터클로 삼는 경향이 20세기 초반까지도 이어졌음을 보여준다. 이런 동물원과 식물원은 그야말로 세계의 축소판이었다. 순수한 과학적 탐구의 목적만으로 구현한 세계가 아니라, 제국주의적 영토 확장의 야망과 온 세상을 재현하려는 지적 욕망이 결합된 산물이었다. 이 시기에는 지구본과 세계지도의 제작 또한 활발했는데, 세계를 재현함으로써 전체를 파악하고 소유하려는 생각이 그 바탕에 있었다.

근대 도서관도 같은 맥락에서 파악할 수 있다. 도서관 자체의 기원은 역사를 더 거슬러 올라가는데, 고대 그리스에도 자료를 보관하는 장소가 있었고 이집트에도 알렉산드리아도서관이 있었다. 중세에는 수도원 도서관에서 필사본을 보관했고 수도사들은 양

피지 서적을 옮겨 적어 필사본을 만드는 작업에 많은 시간을 투자했다. 1454년 구텐베르크가 금속활자를 발명하면서 인쇄가 보편화되었고, 최초의 근대 공공 도서관인 밀라노 암브로시아나 도서관이 1607년 개관했다. 이러한 근대 도서관은 지식의 전승 이외에도 목적이 있었다. 이곳은 전 세계의 서적과 지성을 모아놓은 박물관이었고, 책으로 세상을 재현하는 지식의 동물원이었다. 박물관, 동물원, 식물원, 도서관은 모두 투시도법처럼 유한 안에 무한을 재현하는 방법이었다.[7] 근대에 탄생한 자본주의 역시 유한한 체계 안에 무한한 흐름을 담으려는 것이다.

파리 아케이드, 벤야민, 보들레르

자본, 물류, 인구의 흐름이 급속하게 증가하고 확장되면서 흐름을 원활하게 순환시킬 수 있는 여러 시설이 등장했다. 산업혁명 이후로 기차역은 이동을 담당하고 공장은 생산을 담당했다. 소비를 담당하게 된 새로운 시설로는 벤야민과 보들레르가 주목한 19세기 초반의 파리 아케이드[8]가 있다. 19세기에 상업이 발달하면서 도시 거리에 상점들이 들어섰는데, 비가 오거나 바람이 부는 날에는 이렇게 거리에 면한 상점들에서 쇼핑을 하기가 어려웠다. 이런 단점을 보완하기 위해 골목 상부에 도시 블록을 관통하는 유리지붕을 만들어서 비와 바람을 막고, 밤에는 가스등을 켜서 날씨나 시간에 상관없이 산책과 쇼핑을 즐길 수 있게 한 것이 바로 아케이드였다. 여기에는 당시에 대두된 철과 유리를 가공하는 기술이 사용되었다.

봉 마르셰 백화점, 자본주의의 궁전

19세기 이전에 혼자서 도시를 걸어 다니는 여성은 매춘부로 취급되었다. 남성은 혼자 산책을 할 수 있었기에 아케이드에서 여유롭게 산책하는 만보객[9]은 주로 남성이었다. 여성이 자유롭게 쇼핑할 수 있게 된 시기는 백화점이 탄생한 이후였다. 백화점은 철도의 발달로 인해 다양한 상품의 빠른 유통이 가능해지면서 철도역 부근의 창고에 대량의 물품을 보관하던 것에서 기원한다. 여러 창고에 보관되어 있던 상품들을 하나의 건물에 모으고 그 위치를 도심으로 옮겨 개방하면 많은 사람이 물건을 살 것이라는 발상에서 시작되었다. 1852년 최초의 백화점인 파리 봉 마르셰Bon Marché 백화점이 개장하여 인산인해를 이루었고 그후로 프랭탕 백화점, 라파예트 백화점 등 많은 백화점이 생겨났다. 루브르궁이 절대왕정의 궁전이었다면 백화점은 자본주의의 궁전이었다. 대중에게 백화점은 생산과 노동, 통제와 규율에서 벗어날 수 있는 해방의 장소로 보였다. 자본가에게 백화점은 노동자가 소비자로 거듭나면서 자본을 순환시키고 이윤을 발생시키는 인큐베이터나 다름없었다. 당시에 도시에 등장한 백화점, 은행, 증권거래소는 자본과 상품의 흐름을 원활하게 만드는 시설들이었다.

바로크, 자본주의, 무한의 포착

자연의 무한한 흐름을 채취하는 것에서 시작된 도시는 자체

파리 아케이드 1

파리 봉 마르셰 백화점 2

적인 흐름을 만들어냈고, 그 흐름은 점점 가속화되었다. 앞에서 보았듯이 바로크 시대에 유한한 도시는 무한을 자신 안에 담으려 했다. 무한을 유한한 도시 안에 담고자 하는 욕망은 대항해시대부터 시작된 자본주의의 욕망이다. 근대에 이어 현대까지 도시는 무한을 자신 안에 포함시키려 하며, 이런 양상은 흐름의 통제방식과 밀접하게 연관된다. 다음 장에서는 근대사회와 현대사회에서 흐름에 대한 관점이 어떻게 다르게 나타나는지 살펴볼 것이다.

3장 규율사회의 시설들

푸코, 에피스테메, 르네상스, 고전주의, 근대, 자본주의

에피스테메, 르네상스, 고전주의, 근대

프랑스 철학자 미셸 푸코는 『말과 사물』에서 흥미로운 시대 구분과 해석을 제시한다. 16세기부터 17세기 중반까지를 르네상스 시대, 17세기 중반부터 18세기 말까지를 고전주의 시대, 18세기 말부터 20세기 중반까지를 근대로 구분하는 것이다.[10] 푸코는 각 시대에 지식과 의사소통의 전제가 되는 선험적인transcendantal[11] 평면이 존재한다고 보며, 그것을 '에피스테메epistimé'라고 부른다. 이것은 대화를 나누거나 어떤 것의 옳고 그름을 판단할 때 한 시대의 사람들이 공통적으로 가지고 있는 생각을 뜻한다.[12] 푸코는 르네상스 시대의 에피스테메는 유사성ressemblance에 의해서 지배됐고, 고전주의 시대의 에피스테메는 재현representation에 의해서 지배됐으며, 근대의 에피스테메는 역사에 의해서 지배됐다고 말한다. 보다 쉽게 설명하자면 어떤 것에 대해 논할 때 르네상스 시대에는 그것이 다른 것과 닮았느냐 안 닮았느냐가, 고전주의 시대에는 그것이 어떤 부류에 속하며 어떤 부류의 특징을 보이느냐가, 근대에는 그것이 역사 발전에서 어느 단계쯤에 있느냐가 판단의 기준이 된다는 것이다. 예를 들면 어떤 동물을 판단할 때 르네상스 시대에는 그것이 다른 실제하는 동물과 닮았는지를 중요하게 보고, 고전주의 시대에는 그것이 포유류인지 파충류인지 분류와 소속을 중요하게 보고, 근대에는 그 동물이 진화의 어떤 단계에 있는지를 중요하게 본다고 할 수 있다.

말과 언어를 통해 보면 르네상스 시대에는 말이 사물을 재현하지 못하지만 고전주의 시대에는 말이 사물을 정확하고 투명하게 재현하여 언어의 역할이 중요해지고, 근대에는 말과 언어의 균열이 생기고 그 자리를 인간이 차지하게 된다.

세르반테스의 『돈키호테』, 사드의 『쥐스틴, 또는 미덕의 불행』

푸코는 르네상스 시대에서 고전주의 시대로의 이행을 나타내는 작품으로 세르반테스의 『돈키호테』를 꼽는다. 『돈키호테』 1부(1605)에서는 책 속 내용과 현실의 사물을 구별하지 못하는, 즉 말과 사물을 구별하지 못하는 르네상스적 인물이 묘사된다. 『돈키호테』 2부(1615)에서 이 인물은 말은 기호일 뿐이라는 사실을 깨닫고 고전주의적 인물로 변화하게 된다.

또한 푸코는 고전주의 시대에서 근대로의 이행을 사드 후작의 『쥐스틴, 또는 미덕의 불행』(1791)을 들어 설명한다. 이 책은 언어로 표상할 수 없는 폭력, 죽음, 욕망을 보여줌으로써 고전주의 시대의 언어 표상의 한계를 드러내고 언어 너머의 세계를 동경하는 19세기 낭만주의와 연결된다.

표 1. 푸코의 『말과 사물』의 시대구분

시기	연도	시대	에피스테메	성격	주요인물
16세기-17세기 중반	1500-1650	르네상스 시대 renaissance	유사성	인접, 부합, 유비, 감응, 박학	크롤리우스, 캄파넬라
17세기 중반-18세기 말	1650-1800	고전주의 시대 classic	재현	분류, 분류표	린네, 콩디야크
18세기 말-20세기 중반	1800-1950	근대 modern	역사	진화, 발생, 기원, 시간표	칸트, 헤겔, 다윈

18세기 고전주의 분류학, 19세기 근대 진화론

흥미로운 지점은 고전주의 시대와 근대의 대조에 있다.[13] 생명과학 분야에서 이 두 시대의 차이는 쉽게 파악된다. 고전주의 시대에는 린네의 식물 분류처럼 유기체를 분류하는 데서 지식의 본성을 발견했다. '종속과목강문계種屬科目綱門界'의 생물분류는 18세기 고전주의의 분류학적 사고방식을 대변한다. 반면 19-20세기 근대는 진화론의 시대이다. 『종의 기원』이라는 다윈의 책 제목에서도 알 수 있듯이 진화적 사고는 유기체의 기원에 관심을 갖는다. 진화는 시간과 역사 속에서 유기체가 여러 유형으로 분기하는 과정을 설명한다. 근대의 에피스테메를 '역사'에서 찾은 것도 이런 이유에서다. 다시 말해 근대 지식의 유토피아는 역사적 시간표에 있다.[14] 시간의 흐름에 따라 지식이 어떻게 분화했는지를 표에서 추적하는 것이다. 한편 고전주의 지식의 유토피아는 이상적인 분류표에 있다. 여기에 시간이나 역사는 없다.

푸코는 이러한 대립이 언어학, 경제학, 철학에도 적용된다는 것을 『말과 사물』에서 설명한다. 고전주의 시대의 일반문법은 명사 중심으로 구성된다. 반면 근대의 언어학은 통사적 관계를 통해 언어의 분화를 추적하기 때문에 동사 중심이며, 언어의 친족관계나 역사에 관심을 가진다. 또한 고전주의 시대의 부의 분석은 상업자본, 농업자본 같은 부의 분류에 관심을 두는 반면 근대경제학은 부의 기원에 집중하여 부의 기원이 노동력에서 나오는지 시간이나 자원에서 나오는지를 추적한다.

철학에서 푸코는 칸트를 고전주의 시대의 에피스테메에서 근대의 에피스테메로 넘어가는 문턱에 위치시킨다.[15] 칸트가 경험의 가능 조건을 문제삼고 감각에서부터 지성, 이성까지 순차적으로 설명할 뿐 아니라 『판단력비판』에서 능력의 발생 문제도 탐구하기 때문이다. 칸트 이후에 근대의 에피스테메를 이루는 역사, 기원, 발생의 문제를 탐구한 대표적인 철학자로는 헤겔을 들 수 있다.

표 2. 푸코의 고전주의 시대와 근대의 대조

	고전주의 시대	근대
시기	17세기 중반-18세기	18세기 말-20세기
에피스테메	재현	역사
성격	분류	진화, 발생, 시간
생물학	린네, 분류학	다윈, 진화론
언어학	일반문법, 명사 중심	통사 관계, 동사 중심
경제학	부의 분류	부의 기원
강조점	공간	시간

고전주의와 근대의 대립, 건축

이런 고전주의 시대와 근대의 대립은 건축 분야에서도 명확하게 발견된다. 18세기 보자르Beaux-art 건축은 로마시대 비트루비우스에서 시작되고 르네상스의 알베르티와 팔라디오가 정교화한 고전주의 건축 규범을 이어받아 구성의 원칙을 가르쳤다. 이는 기둥에서부터 벽이 구성되고, 벽들이 모여서 방이 만들어지고, 방들이 모여서 건물이 세워진다는 원리다. 보자르 건축가들은 건물의 여러 기능(주택, 궁전, 관공서 등)에 따라 어떻게 방을 구성해야 하는지를 정리한 책을 쓰는 것을 중요한 업적으로 생각했다. 이것은 세상에 존재하는 건축 유형을 집대성하는 작업이었다. 장 니콜라 루이 뒤랑과 쥘리앙 구아데가 각각 건축 구성을 정리한 전집을 집필했다. 보자르 교육의 유산으로 건축 학교에서는 20세기 후반까지 각론이라는 이름으로 각 건물의 유형을 배우는 수업이 계속되었다. 각론 전

집은 세계의 질서를 분류하고 재현하려고 한 계몽주의의 백과사전 제작과도 연관성을 갖는다.

앞서 보았듯이 고전주의 시대의 에피스테메가 재현, 분류라면 근대의 에피스테메는 기원과 발생에 대한 질문에서 비롯된다. 건축의 기원을 논하면서 마크앙투안 로지에 신부는 기둥, 보, 지붕으로 만들어진 원시 오두막을 제시했고, 고트프리트 젬퍼는 화로, 벽지, 지붕이 만드는 분위기를 제시했는데, 이것들은 근대적 질문의 시초라고 할 수 있다. 르코르뷔지에는 도미노 시스템을 만들고 건축을 근본적인 기하학과 기계의 작동 원리에서부터 다시 생각했다. 루이스 칸은 건축을 '형태Form'라는 근원에서부터 다시 생각했다. 이 건축가들의 노력을 경험의 가능 조건을 탐구한 칸트에 비유한다면 헤겔의 역사관이나 진화론적 시간관은 보다 더 최근의 건축가들에게서 찾을 수 있다. 현대에 건축 그룹 FOA가 자신들의 건축을 발생학적 계보로 구성한 것이나 네덜란드 건축 그룹 MVRDV가 보이지 않는 힘과 데이터에서 발생한 데이터의 풍경(데이터스케이프datascape)으로 건축을 설명한 것에서[16] 건축의 근대적 에피스테메를 발견할 수 있다.

형태에서 변화로, 미적분, 뉴턴, 칸트, 기원과 발생

17세기 초반 데카르트는 기하학과 해석학을 결합한 혁명을 이루었다. 17세기 말에 라이프니츠와 뉴턴은 미적분을 발견하고 과학혁명을 이끌었다. 흐름으로 세상을 파악하는 것은 미적분으로 세

1 2

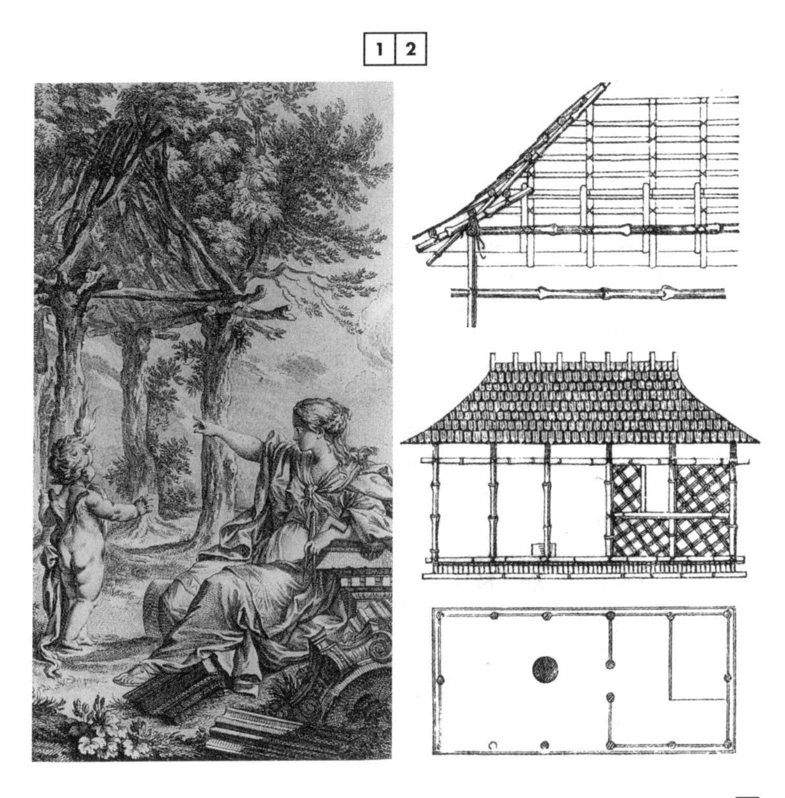

로지에의 원시 오두막 1

젬퍼의 캐리비언 오두막, 건축의 기원 2

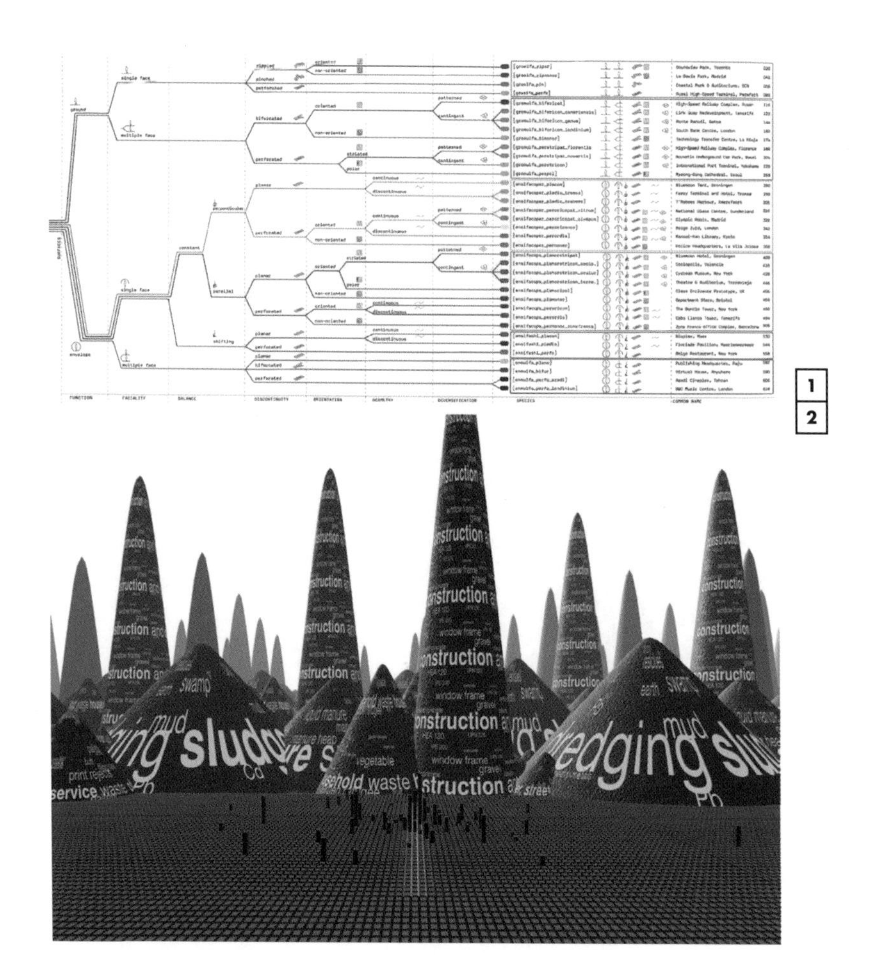

1 FOA의 발생학적 계보

2 MVRDV의 데이터스케이프

상을 보는 것과 관점이 같다. 미적분은 형태가 아닌 변화의 관점에서 세상을 파악하는 방법이다. 이를 통해 현실적인 것 아래에 있는 잠재적인 것의 힘과 강도를 알아낼 수 있다. 푸코의 시대구분에서 미적분은 고전주의 에피스테메에 속하는데, 이는 미적분이 시간을 공간적으로 재현하기 때문이다. 하지만 근대의 문턱에 위치한 칸트의 철학은 뉴턴의 과학을 모델로 삼았다. 라이프니츠와 뉴턴은 17-18세기 고전주의의 재현의 체계에 속하지만 칸트 이후의 근대를 이미 예견하고 있었다. 미적분은 변화, 흐름, 진화, 역사, 기원에 대한 사유의 토대를 구성했다고 볼 수 있다.

이후 19세기에 들어서 세계는 형태적 닮음이 아닌 그 하부의 연관성과 발생에 대해 고민하기 시작했다. 언어학에서는 언어의 기원과 발생에 대해, 심리학에서는 심리 현상의 근원에 대해, 경제학에서는 노동과 가치의 기원에 대해, 생물학에서는 유기체의 기원과 발생에 대해 고민하기 시작한 것이다. 언어, 정신, 도시, 자본, 유기체 등 모든 것을 흐름과 변화라는 관점에서 파악하게 되는 것은 이러한 토대에서부터다.

근대 규율사회, 생명 관리 정치, 병원, 학교, 공장

고전주의 에피스테메와 근대 에피스테메의 차이는 사회상에서도 명확하게 나타난다. 고전주의 시대와 근대의 경계였던 18세기 말은 사회적으로는 프랑스혁명이 발발하고, 철학적으로는 칸트철학이 생성된 시기다. 18세기 중반부터는 증기기관과 기계 기술의 혁신으로 산업혁명이 일어나 물류, 자원, 인간의 흐름이 확장되고, 동시에 더 정확하게 분절되기 시작했다. 시계의 발달로 시간의 분절이 원활해졌고, 계량 기구의 발달로 엄밀한 측정이 가능해졌다. 인구도 늘어나서 이들을 통제하기 위한 세밀한 규칙이 필요했다. 인구는 국가의 국력과 동일한 것으로 생각되었다. 중세에는 인구가 전투력의 측면에서 중요하게 여겨진 반면 근대에는 생산력의 측면에서 더 중요했다. 국민을 건강한 상태로 살아 있게 하고 능률적인 노동 인력으로 키워내는 것이 국가로서는 매우 중요한 일이었다.

따라서 근대에 정치는 외교나 통치만이 아니라 국민의 생명 관리도 포함하는 생명 관리 정치biopolitique가 되었다. 신체적으로나 정신적으로 정상과 비정상을 분류해서 관리하는 수용소와 정신병원이 생겨났고, 병원, 학교, 공장, 감옥 같은 시설들이 설립되면서 도시에 생산과 규율의 체계가 만들어졌다. 즉 흐름이 증가한 근대에 연속적인 흐름을 분류하고 분절하는 사고방식이 더욱 확산된 것이다. 동물원, 식물원, 미술관, 도서관은 고전주의 시대에 등장해서 근대에 일반화되었는데, 모두 무한한 세계를 유한한 공간 안에 재현하는 분류와 분할의 방식이었다. 말하자면 19세기부터 20세기 중반까지의 근대사회는 확장된 흐름을 법과 질서에 따라서 통제하는 사회였다. 푸코는 이 사회를 규율사회disciplinary society라고 부른다. 흐름을 통제하려는 근대 규율사회를 〈도식 4〉처럼 나타낼 수 있다.

도식 4. 근대 규율사회

근대 시설, 흐름의 연속성

고전주의는 무한을 분류하고 재현하는 반면 근대는 확장된 흐름을 분절하고 통제한다. 고전주의는 흐름을 공간적으로 분류하는 반면 근대는 흐름을 시공간적으로 분절하고 진화와 역사를 구성한다. 즉 근대는 흐름의 연속성과 정교한 분절이 공존하는 시대다. 이렇게 19세기가 급격하게 증가한 물류, 재화, 인구의 순환을 통제하고 조절하는 데에 집중했다면, 20세기 중반 이후부터는 순환을 더 원활하게 만드는 데에 집중하게 된다. 여기에서 우리는 푸코가 제안한 르네상스-고전주의-근대 뒤에 '현대'라는 시대를 추가할 수 있다. 현대는 20세기 중반부터 21세기까지의 시기다.

병원, 학교, 공장, 감옥, 박물관, 미술관, 동물원으로 대표되는 근대의 시설들이 무한한 세계를 유한 안에 재현하고, 시공간을 분절하고, 규율을 만드는 반면, 기차역, 공항, 호텔, 사무실, 백화점, 쇼핑몰, 증권거래소, 은행으로 대표되는 현대의 시설들은 무한한 세계를 무한 속에 배열하고, 끊어진 시공간을 연결하고, 규율을 내재화시킨다.

이러한 시대구분은 칼로 자르듯이 나뉘지는 않지만 〈표 3〉과 같이 정리해볼 수 있다. 다음 장에서는 현대사회에 대해서 살펴볼 것이다.

표 3. 르네상스-고전주의-근대-현대

시대	연도	에피스테메	경제 사조	사회 구분	성격
르네상스 시대	1500-1650	유사성	대항해시대	봉건 해체기	종교개혁, 인쇄술의 보급
고전주의 시대	1650-1800	재현	상업자본주의	절대왕정	과학혁명의 시대
근대	1800-1950	역사	산업자본주의	규율사회	프랑스혁명 이후, 시공간적 확대
현대	1950-	흐름	신자유주의	성과사회	이동과 순환의 극대화

4장 성과사회의 탄생

현대도시, 피로사회, 통제 사회, 신자유주의의 통치성

자유주의-스미스, 수정자본주의-케인스

현대 성과사회가 탄생한 배경을 알기 위해서는 우선 정부의 개입과 시장의 자유 사이에서 고민한 경제학의 관점들을 살펴보아야 한다. 먼저 애덤 스미스는 '보이지 않는 손'을 주장하면서 시장의 자율적인 힘을 믿었다. 그는 개입하지 않는 작은 정부가 국가에 도움이 된다고 생각했다. 중상주의에 대립하는 자유주의의 시작이었다.

1929년 10월에 발발한 대공황은 자본주의를 대혼란에 빠뜨렸다. 존 메이너드 케인스는 유효수요 이론을 펼치면서 경제가 어려울 때는 국가가 총수요를 관리해서 경기를 회복시켜야 한다고 주장했다. 케인스의 이론은 1933년 루스벨트 대통령의 뉴딜 정책에 큰 영향을 주었다. 애덤 스미스가 생산 위주의 사고를 했다면 케인스는 수요 위주로 경제를 해석했다고 볼 수 있다. 스미스는 작은 정부와 시장의 자율성을 믿는 자유주의를 주장했고, 케인스는 큰 정부가 만드는 복지국가와 사회주의를 추구했다. 케인스의 이론은 이후 30년간 미국 경제를 호황으로 이끌었다.

신자유주의-하이에크

신자유주의 경제이론가 프리드리히 하이에크는 시장의 자생적 질서를 신봉했으며 사회주의에 반대했다. 『노예의 길』(1944)에서 그는 사회주의는 필연적으로 몰락할 것이라고 예언했다. 1950-60년대에 그의 이론은 잊혔다가 1970년대에 경제위기와 스태그플레이션stagflation이 몰아닥치면서 케인스 이론에 대한 의심과 함께 다시 주목을 받았다. 하이에크에게 강한 감명을 받은 마가렛 대처가 1979년 영국 수상에 선출되어 대처리즘을 시행하고, 로널드 레이건이 1981년 미국 대통령에 당선되어 레이거노믹스를 추진하면서 전 세계는 신자유주의의 물결 속으로 들어가게 된다. 덩샤오핑은 1970년대에 굶어 죽어가는 중국에 대한 대책을 하이에크에게 물었고 하이에크는 토지의 사유화를 제안했다. 1982년 중국은 부분적인 사유재산을 허용하고 시장경제를 도입했다. 이후 1989년 베를린장벽과 동유럽 공산권의 붕괴, 구소련의 마지막 지도자였던 고르바초프의 개혁개방정책 시행으로 세계는 사실상 자유시장경제를 받아들이고 경계 없는 평평한 세상이 완성된다.

하이에크, 자기조직화, 빈익빈부익부

하이에크는 1960년대에 유행했던 복잡계 이론을 자신의 경제 이론과 접목시킨다. 시장의 질서는 자연의 질서를 따르기 때문에 인위적인 규제나 개입이 없을 때 자기조직화와 진화가 이루어진다는 것이다.[17] 그는 이 원리로 케인스의 이론을 비판하고 보이지 않는 손으로 지배되는 시장의 질서에 순응하는 것이 진보와 해방에 도달하는 길이라고 주장했다. 다만 하이에크가 간과한 지점이 있는데, 시장의 질서는 자연계의 질서와 달리 수많은 인공적인 규칙으로 짜여 있어서 부가 한쪽으로 집중되고 빈익빈부익부가 가속화되도록 조직된다는 점이다.

각종 규제가 철폐되고 금융자본주의가 한동안 호황을 누리면서 신자유주의 이론은 맹위를 떨쳤다. 하지만 2008년 미국 금융위기와 2010년 유럽 금융위기가 연달아 터지고 빈익빈부익부가 가속화되면서 신자유주의 이론에 대한 의심이 싹텄고, 케인스의 이론이 다시 한번 하이에크의 이론과 나란히 논의의 선상에 올랐다. 시장의 자유로운 질서가 진일보한 세상으로 데려다줄 것이라는 하이에크의 주장이 한계에 부딪히자 시장의 논리와 빈부격차, 금융자본주의에 대해 비판적으로 분석했던 맑스의 이론도 다시 주목받게 되었다.

표 4. 자유주의, 수성자본주의, 신자유주의

경제 사조	대표 이론가	주요 개념	연도
자유주의	애덤 스미스	보이지 않는 손	1800-1930
수정자본주의	케인스	정부의 개입	1930-1970
신자유주의	하이에크	자기조직화	1970-

라캉, 미국식 삶의 방식

수정자본주의에서 신자유주의로 전환된 시점은 근대 규율사회에서 현대 성과사회로 진입한 시점과 같다. 한국에서는 1997년 외환위기와 2008년 경제위기를 겪은 후에 구조조정, 시장개방 같은 신자유주의의 물결이 본격적으로 몰려왔지만, 프랑스의 철학자들은 이미 1960년대 후반, 1970년대 초반부터 신자유주의로의 변화가 일어날 것을 간파하고 있었다. 자크 라캉은 68혁명이 가부장적이고 권위적인 국가와 사회체제를 개혁의 대상으로 삼은 것에 대해 사실 진정한 적은 따로 있다고 말하면서 '미국식 삶의 방식life style'이 몰려올 것이라고 예견했다.

푸코, 신자유주의의 통치성

푸코는 1978-79년에 콜레주드프랑스College de France에서 행한 강연을 『생명 관리 정치의 탄생』이라는 제목으로 출간했는데, 여기에서 18세기 자유주의부터 19세기 신고전적 자유주의, 20세기 독일의 질서자유주의와 미국의 신자유주의까지를 자세히 검토한다. 통치 방식에 대해 논하면서 그는 '신자유주의의 통치성gouvermen-talité'[18]이라는 용어를 제시한다. 이것은 근대 규율사회의 규범과 질서로 시공간을 통제하는 방식을 넘어선 신자유주의 사회의 보다 미시적인 시공간의 통제를 말한다.

규율사회에서 통제를 가하는 공간은 학교, 병원, 공장, 감옥, 기업 등으로 경계가 명확하고, 각 영역에 고유한 규칙이 존재하며, 근무시간/여가 시간의 시간적 구분이 확실하다. 반면 신자유주의의 통치에서는 공간적인 경계가 불확실하게 모든 곳에 걸쳐 있으며, 시간적인 경계도 모호하다. 학교와 기업이 연계되는 산학 협력이 이루어지고 기업 내의 교육과정이 학교를 대체한다. 현대인들은 퇴근 후에도 집에서 스마트폰이나 인터넷으로 업무를 처리하고 개인의 근무역량을 향상하기 위해 각종 학원을 다닌다. 여가 생활이나 휴가도 넓게 보면 효율성을 높이기 위한 근무의 연장으로 신자유주의의 통치 방식에 포함된다고 할 수 있다. 규율사회에서는 훈육과 처벌이 있었던 반면 신자유주의 사회에서는 경제적 상벌이 주어진다. 신자유주의는 더 유연하고 세련된 방식으로 사람들을 길들인다. 신자유주의가 만들고자 하는 인간상은 호모 이코노미쿠스Homo Economicus, 즉 경제적 인간이다.[19] 모든 것을 시장을 위한 자원과 상품으로 취급하고, 자기 자신마저 뛰어난 자원으로 향상시키고자 노력하는 인간이다. 이 맥락에서 모든 개인은 자신을 경영하는 기업가가 된다. 푸코는 사람마저 자본으로 보는 '인적 자본' 개념의 등장에 대해서 자세히 분석한다. 그것은 끊임없이 자신을 개발해야 하는 현대인의 모습이다.

들뢰즈, 통제 사회

질 들뢰즈는 1990년에 쓴 짧은 글인 「통제 사회에 대한 후기 Postscript on the Societies of Control」[20]에서 현대사회가 근대 규율사회와는 다른 '통제 사회'[21]로 변해가고 있다고 설명한다. 들뢰즈는 푸코의 분석을 따라서 학교, 병원, 공장, 감옥의 유사성을 짚으면서 글을 시작하는데, 로셀리니의 영화 〈유로파 51〉에서 주인공이 공장노동자들을 보고 죄수들과 유사해 보인다고 말하는 장면을 인용한다. 들뢰즈는 시공간을 분절하는 이런 규율사회가 제2차 세계대전 이후로 새로운 제도와 권력에 의해 변화했다고 말한다. 그리고 폴 비릴리오가 자유 부동 제어free-floating control의 초고속 형태ultra-rapid forms라는 새로운 통제 방식을 구상하고 분석한 것을 언급하며, 규율사회에서 통제 사회로의 변화가 유전공학, 분자 공학, 전자기술과 연관되어 있다고 지적한다.[22] 들뢰즈는 스마트폰이나 컴퓨터로 편의를 제공받기 위해 스스로 개인 정보를 입력해서 거대한 통치 시스템 안으로 편입되는 오늘날의 인간의 모습을 예견했다고 볼 수 있다. 조지 오웰이 『1984년』에서 묘사한 빅브라더의 지배는 전체주의로 실현된 것이 아니라 신자유주의의 모습으로 더욱 은밀하고 부드럽게 우리에게 스며든 것이다.

들뢰즈는 근대의 규율사회가 닫힌 공간을 만드는 고정된 주형mold의 방식을 따르는 반면 현대의 통제 사회(성과사회)는 연속적이고 열린 공간을 만드는 변조modulation[23]의 방식을 따른다고 설명한다. 끊임없이 변화하는 변조의 방식은 더 유연하고 촘촘하게 개인을 길들이면서 통제할 수 있다. 예컨대 근대의 규율사회에서 물건을 생산하고 판매해서 이윤을 창출했다면 현대의 통제 사회에서는 금융을 통해서 이윤을 창출할 수 있는 것이다. 들뢰즈는 규율사회의 동물을 두더지로, 통제 사회의 동물을 뱀으로 비유한다. 두더지는 우직하게 구멍을 파지만 뱀은 유연하게 움직여서 경로를 예측하기가 어렵다. 들뢰즈는 "뱀의 똬리coil는 두더지의 굴보다 훨씬 더 복잡하다"라는 말로 통제 사회의 정교한 움직임을 암시하면서 글을 마무리짓는다.

낸시 프레이저는 규율사회가 대량생산 대량소비의 포디즘에, 통제 사회가 소량 생산 소량 소비의 포스트포디즘에 연결된다고 분석한다.[24] 포스트포디즘은 피라미드식 위계에서 벗어나 네트워크형 조직에서 자유롭게 의사소통을 하고 인터넷의 발달에 힘입어 생산자와 소비자가 직접적으로 소통하면서 연속적이고 유연한 축적을 이루는 방식이다. 이는 들뢰즈가 말하는 리좀과도 밀접하게 연관된다.

성과사회, 피로사회

철학자 한병철은 규율사회와 대조되는 개념으로 성과사회, 피로사회를 제시한다. 19세기에서 20세기 중반까지는 흐름을 분절하고 통제하는 규율사회, 20세기 중후반부터는 흐름을 무한히 흘러가게 하는 성과사회이자 피로사회다. 규율사회에서 개인은 외부의 법에 의해서 통제되는 반면 피로사회에서 개인은 내재화된 법에 의해서 스스로를 감시하고 통제한다. 피로사회의 개인은 노력한 만큼 보상받는다는 성과주의에 사로잡혀서 과도하게 자기 자신을 혹

사시킨다. 멈추면 뒤처진다는 마음에 조급해지고, 나의 가난은 나의 게으름 때문이라는 죄책감에 시달린다. 규율사회는 '금지' 위주의 부정성의 사회고, 성과사회, 피로사회는 '그냥 하라just do it'는 긍정성의 사회다. 하지만 피로사회는 외적으로는 금지와 억압이 사라진 것처럼 보여도 오히려 금지와 억압이 내재화되어서 스스로가 스스로를 감시하고 통제하며 착취하는 사회다. 규율사회에서는 기업가와 노동자의 구분이 확실했지만, 피로사회에서는 자기 자신이 스스로를 경영하는 기업가가 된다. 현대의 피로사회에서 개인은 지나친 스트레스에 쉽게 피로해지고, 개인의 불행을 사회의 통제가 아니라 개인의 무능력 탓으로 돌리기에 자기 계발에 몰두하게 된다. 과도한 피로와 주이상스jouissance 속에서 주체는 소진 증후군의 과잉 상태에 도달한다. '즐겨라'라는 초자아의 명령은 향락에 대한 법의 금지보다도 향락에의 접근을 방해한다.[25]

긍정성, 과잉 도시, 아우라의 소멸, 에로스의 죽음, 투명 사회

현대사회는 부정성, 금지, 억압이 사라진 긍정성 과잉의 소진 증후군의 사회다. 현대사회가 긍정성 과잉의 사회이듯 현대도시도 그렇다. 넘치는 흐름에 의해서 지배되는 현대도시는 바로 피로사회의 과잉 도시다. 이런 관점에서 한병철은 사회에 다방면으로 비판을 가한다. 예컨대 아우라는 미에서 중요하게 다뤄지는 요소다. 미적 관점에서 아우라는 거리distance와 관련되는데, 현대사회에 만연한 인터넷과 스마트폰은 거리 자체를 없애버린다. 거리가 없어지면 주

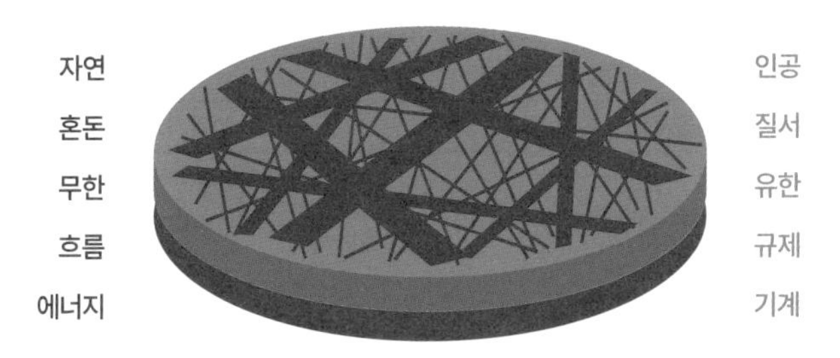

도식 5. 현대 피로사회

체, 타자, 경계가 사라지고 외설성만이 남게 된다.[26] 즉 아우라와 아름다움은 사라지고 포르노그래피적 감각만이 남게 되는 것이다. 사랑에 있어서도 마찬가지다. 에로스는 거리로부터 발생하는데, 거리가 제거되면 포르노그래피적 사랑만이 남게 된다. 그렇게 외설적 실재에 과도하게 노출되면 쾌락보다는 고통을 느끼게 된다.[27] 현대사회는 불투명성이나 거리가 완전히 제거된 투명한 사회다. 현대사회에서의 감시는 자발적으로 이루어진다. 사람들은 과시욕으로 각자의 삶을 인스타그램과 페이스북 같은 SNS에 노출시킨다. 이런 현대 피로사회에는 진정한 타자가 존재하지 않는다. 외부라는 것이 없기 때문이다. 그래서 현대도시에서는 진정한 외부 없이 모든 것이 쇼핑의 대상이 되는 현상이 나타난다.

현대 피로사회를 〈도식 5〉처럼 나타낼 수 있다. 네트워크구조로 과도한 흐름이 흐르는 동시에 과도한 축적이 이루어진다. 규율사회와 성과사회의 대조를 전체적으로 정리한 〈표 5〉도 살펴볼 수 있다.

표 5. 규율사회와 성과사회의 대조

규율사회	성과사회
근대사회	현대사회, 피로사회
불투명 사회	투명 사회
억압, 금지	허용, 확장
부정성	긍정성
히스테리	소진 증후군
신경증	정신병
타자 있음	타자 없음
공백 있음	공백 없음
이성 중심주의	구조주의
역사주의	공시성 synchronic, 시간의 제거
전체주의	개인주의
역사의 완성	역사의 종말 이후
인간의 완성	인간의 종말 이후
인간중심주의	탈인간주의
근대 자본주의	신자유주의
포디즘	포스트포디즘
주형	변조
두더지	뱀
경직된 피라미드 체계	유연한 네트워크 체계
나무	리좀
기계, 인간, 자연의 구분	구분의 소멸, 기계권 mécanosphère
홈파인 공간	매끄러운 공간
흐름의 분절	흐름의 과잉
외부의 억압	내재화된 억압
아우라	아우라의 상실
에로스	포르노그래피
외부, 타자	외부와 타자의 소멸
이데올로기의 대립	이데올로기의 내부화
지역지구제	혼합 기능
감옥, 학교, 공장	쇼핑몰, 터미널, 증권거래소

근대도시, 현대도시

근대도시와 현대도시는 어떻게 다른가? 20세기 근대의 이상도시는 주거, 업무, 상업, 여가를 분리하는 지역지구제(조닝zoning)에 의거해 설계되었다. 신체에 비유하자면 간, 위, 폐, 뇌 같은 기관들이 분화되듯이 관공서, 사무소, 교육시설, 공업지역, 문화시설 등으로 도시가 세분화된 것이다. 반면 20세기 후반 현대도시는 순환계와 신경계가 발달하듯이 자원, 물류, 상품, 인구의 순환과 연결성을 극대화하는 데 초점이 맞춰진다. 원활한 순환을 돕는 고속도로, 기차역, 터미널, 공항, 쇼핑몰, 물류 창고 등이 현대도시를 대표하는 시설들이다. 즉 근대도시에서 규율이 생기고 경계가 그어져 지역들과 시설들이 구분되었다면, 현대로 올수록 점점 더 그러한 경계가 없어지고 연속적이고 열려 있는 도시가 되고 있다. 이런 도시의 변화는 규율사회에서 성과사회로의 변화를 그대로 반영한다.

봉건시대에 도시와 시장은 자유라는 이름으로 등장했다. 자유주의 경제이론은 시장이 기존의 규범을 해체하고 세계를 해방으로 데려다줄 것이라고 믿었다. 하지만 신자유주의에서 시장은 더 유연하고 정교한 억압의 방식이 되었다. 규율사회가 규칙과 처벌로 개인을 통제했다면 성과사회는 더 은밀하게 환경을 통제함으로써 개인을 통제하게 된 것이다.

베를린장벽이 무너지고 구소련과 공산권이 붕괴되면서 이데올로기의 경계가 사라진 평평한 세상이 찾아왔다. 자본주의의 순환시스템은 지구 전체를 덮으면서 모든 견고한 것을 녹아내리게 만들고 매끄러운 공간을 형성했다. 자본주의사회에서 순환은 이윤과 직결된다. 최대의 순환율이 최대의 이익으로 이어지는 것이다. 자본주의 자체가 흐름이다. 자본주의사회에서는 멈추면 손해가 발생한다. 현대도시는 자본과 상품의 흐름이 넘쳐나는 멈춤 없는 도시No-stop city가 되어버렸다.

푸코, 벨라스케스, 인간의 종언

푸코는 『말과 사물』 1장에서 벨라스케스의 그림 〈시녀들Las Meninas〉을 자세히 분석한다. 이 그림을 통해 푸코는 고전주의 시대에 이루어진 재현과 인간의 위치에 대해서 설명한다. 〈시녀들〉은 왕과 왕비의 초상화를 그리는 화가와 그 모습을 구경하는 공주, 시녀들을 그린 작품이다. 이 그림에서 흥미로운 부분은 그림 속 멀리 거울에 반사되어 보이는 왕과 왕비의 자리이다. 왕과 왕비가 서 있는 자리는 바로 우리가 그림을 바라보고 있는 자리이기도 하고, 이 그림을 그린 화가 벨라스케스의 자리이기도 하다. 푸코에 따르면 이 자리는 경험의 대상으로서의 왕의 자리, 경험의 주체로서의 화가의 자리, 반성적 주체로서의 관람자의 자리가 일치하는 자리이다. 삼중의 중요성을 갖는 이 '왕의 자리'는 당대의 고전주의적 관점에서는 비가시적인invisible 영역, 즉 그림 바깥에 위치한 영역이다. 재현의 에피스테메가 지배한 고전주의에서 이 자리가 비어 있음은 재현의 주체가 재현되지 않았음을 뜻한다. 하지만 근대적 관점에서 이 자리는 그림의 중심으로 들어선다. 이 왕의 자리는 바로 '인간'의 자리이다. 재현의 에피스

벨라스케스, <시녀들>, 1656

테메를 표현하는 고전주의의 분류표에는 인간의 자리가 없지만, 역사의 에피스테메를 표현하는 근대의 시간표에서는 인간의 자리가 중심을 차지한다.

『말과 사물』의 결론에서 푸코는 "고전주의 시대에 지식의 세계를 점령했던 언어가 썰물처럼 빠져나가고 사물이 해방되었고, 썰물이 빠져나간 백사장에 인간의 얼굴이 그려졌다. 이것이 근대의 에피스테메였다. 이제 다시 언어의 밀물이 밀려들고 있고, 인간의 얼굴은 지워질 것"[28]이라고 예언한다. 반성적 주체로서의 인간은 일시적으로 존재했지만, 곧 사라지게 된다는 것이다. 이러한 인간의 종언에 대한 선언은 규율사회 이후 과도한 자본과 정보의 흐름 속에서 주체로서의 인간이 녹아내리는 피로사회를 예견하고 있다.

규율사회, 피로사회, 흐름과 정지 사이

피로사회를 규율사회로 되돌림으로써 긍정성 과잉과 소진 증후군을 해결할 수는 없다. 감시와 억압을 다시 외재화함으로써 자본주의사회의 단점을 해소할 수는 없는 것이다. 그렇다면 생각해보아야 할 문제는 흐름과 정지 사이, 혼돈과 질서 사이에서 어디에 위치하느냐이다. 이 균형에 대해 생각해보기 위해서 우리는 원시사회로 돌아가볼 것이다.

2부 도시와 정신 병리

City as Excess

1장 원시사회, 군주사회, 자본주의사회

중국에서 자본주의가 발달하지 않은 이유, 탈영토화, 탈코드화, 분열증

원시사회, 전제군주사회, 자본주의사회

들뢰즈는 인류의 정치 경제 체계를 원시사회, 전제군주사회, 자본주의사회라는 세 단계로 분류한다. 원시사회는 씨족과 부족 중심 체제를, 전제군주사회는 국가나 제국 중심 체제를, 자본주의사회는 상업, 산업, 금융 중심 체제를 뜻한다. 일반적인 역사 발전 단계는 〈표 6〉과 같이 원시사회와 고대, 중세, 근대로 나뉜다. 들뢰즈와 과타리는 이 네 단계 중에서 고대와 중세를 묶어서 군주사회로 분류하고 있다.

원시사회 족장의 권력이 성장하고, 영토가 넓어져 국가가 생기고, 국가의 상업과 산업의 규모가 발전하면서 자본주의로 자연스럽게 넘어가게 되었다는 것이 역사 발전 단계에 대한 기존의 생각이다. 그런데 들뢰즈는 프랑스 정치인류학자 피에르 클라스트르를 인용하면서 각 단계에서 다음 단계로 넘어가는 데에는 항상 저항이 존재했다고 주장한다.

표 6. 역사 발전 단계

시대	특징	생산수단	소유주	핵심 이념
원시사회	공산 사회	없음	없음	자연
고대	노예제	토지, 영토	왕	신화
중세	봉건제	장원	왕, 영주	신
근대	자본주의	공장, 자본	부르주아	이성, 국가

『국가에 대항하는 사회』, 클라스트르

클라스트르는 1963년 구아야키 인디언에 대한 현지 조사에 나선 뒤 1960년대의 대부분을 파라과이와 베네수엘라 등지에서 인디언들과 함께 생활하며 원시사회를 연구하면서 보냈다. 『국가에 대항하는 사회』에서 그는 원시사회가 국가 체계가 결여된 사회가 아니라 국가가 형성되지 않게끔 의도적으로 저항하고 있는 사회라고 말한다.[1] 원시사회 인디언들은 필요한 수렵과 채집을 완료하면 그 이상의 과도한 생산을 의도적으로 중단한다. 그것은 일견 게으름으로 보일 수도 있지만, 이들은 목적 없는 노동을 위해 스스로를 소외시키지 않고 여가를 즐기는 삶을 선택하는 것이다. 인디언들이 돌도끼보다 철제 도끼에 관심을 보이는 것은 생산성을 10배 높이기 위해서가 아니라 10배의 여유시간을 갖기 위해서다. 이런 양상은 과잉생산과 과잉 축적을 거듭하는 자본주의사회와는 뚜렷하게 대조된다. 게다가 원시 인디언 사회에는 국가의 본질인 명령과 복종, 지배자와 피지배자의 위계질서가 없다. 추장은 우두머리지만 전시를 제외하면 권력이 아니라 위신을 가질 뿐이다. 불평등한 권력의 집중을 피하고자 하는 것이다. 이처럼 클라스트르는 원시사회가 국가권력의 탄생을 의도적으로 저지한다고 보며, 이는 시대의 이행에 저항이 있다는 들뢰즈의 주장과 서로 통한다. 그렇다면 이후에 제국적 국가체계는 자본주의의 발생을 저지했다고 볼 수 있을까?

중국 vs 유럽, 중앙집중 제국 vs 해양도시 네트워크

자본주의는 왜 중국이 아니라 유럽에서 생겨났을까? 왜 엄청난 인구와 잠재력을 가진 중국에서 더 일찍 자본주의가 발생하지 않았을까? 이 질문에 대해서 들뢰즈는 프랑스 아날학파 역사학자 페르낭 브로델의 분석을 참고한다.[2] 11세기 유럽은 공동경작이나 3모작 같은 농업기술의 발달과 대형 쟁기 및 말의 근육을 강화하는 새로운 고삐의 발명으로 농업생산력이 증가했다. 당시 이슬람이나 중국은 중앙집권체제로 거대 제국을 형성하고 있었던 반면, 유럽은 봉건 체제의 위계 조직과 도시 간의 네트워크 조직이 적절하게 혼합되어 있었다. 11세기 최대 인구를 가진 도시는 콘스탄티노플이었지만, 이때만 해도 작은 마을 규모였던 베네치아, 제노바, 안트베르펜 같은 유럽 해양도시들에서 점점 교역량이 늘고 상업자본이 발달하기 시작했다. 이 도시들은 14세기에 이르러 네트워크의 핵심 도시들로 떠올랐다. 12-15세기에는 도시 권력의 핵심 엘리트들이 장인들을 초대하여 길드를 형성했다. 제련, 가죽, 목공 같은 다양한 영역의 길드가 각각 또다시 수십 개의 길드로 분화되어 네트워크를 이루었다. 유럽의 장인들과 상인들이 만든 이러한 도시 네트워크는 중국과 이슬람 제국의 중앙집권체제보다 더 유연하게 경제 상황에 대응할 수 있었다.

내향적 대륙 경제 vs 외향적 해양 경제

1405년 중국은 인도양까지 항해를 했다. 바스쿠 다가마의 선박이 300톤이었던 반면 당시 중국의 선박은 1,500톤이나 되었다. 중국과 이슬람은 해양 탐사 면에서도 기술이나 문화적 측면에서도 유럽보다 훨씬 유리한 위치에 있었다. 중국에는 나침판, 화약, 종이, 화폐, 인쇄술이 있었고, 이슬람에는 상업 거래의 기본인 상업부기 기술과 신용credit 개념이 있었다.[3] 그런데 중국은 1421년 명나라 때 수도를 남경에서 북경으로 천도했다. 이는 경제의 지향점이 해양 무역 중심의 외부 지향에서 대륙 자국 중심의 내부 지향으로 바뀌었음을 뜻한다. 완고한 명나라 관료들이 해외 진출에 등을 돌리고 내향적 정책을 선택한 것이다. 오토만제국도 1566년 이후 13명의 술탄이 차례로 지배하면서 관료적이고 중앙집중적인 의사 결정 체계로 굳어지고 자국 중심의 경제 정책을 선택하게 되었다.

단일 제국 vs 국가 간 경쟁 체계

지리적으로 유럽은 많은 반도와 산맥이 단일 제국의 형성을 가로막고 있었다. 반면 중국은 비교적 지형의 단절이 없는 대륙으로 제국이 형성되기 좋은 여건을 갖추고 있었다. 이런 지리적 영향이 더해져 로마제국 이후 유럽은 여러 국가로 분할되었고, 중국은 통일된 뒤 제국으로 운영되었다. 15세기 유럽에서는 해외 진출의 야망을 가진 여러 국가가 경쟁하고 있었다. 포르투갈, 스페인, 네덜란드가 해양 진출과 패권 장악을 두고 경쟁했기 때문에 해양 탐험가들은 여러 나라의 국왕들에게 조건을 제시하며 최선의 후원자를 찾을 수 있었다. 이탈리아 제노바 출신의 평민이었던 콜럼버스는 여러 해 동안 후원자를 찾아서 포르투갈과 프랑스를 돌아다녔지만 모두 거절당했다. 그러던 중 1492년 스페인의 이사벨 여왕에게 파격적인 조건으로 후원을 허락받게 된다.[4] 재레드 다이아몬드의 지적처럼 만약 중국이나 이슬람이 해외 진출 중심의 정책을 선택했다고 해도 탐험가로서는 황제와 술탄의 후원을 받지 못하면 다른 선택지가 없기 때문에 유럽처럼 경쟁적인 해외 탐험은 어려웠을 것이다. 그에 비해 유럽은 유럽 자체를 하나의 조직으로 본다면 단일 결정 체계가 아니라 다중 결정 체계로 운영되고 있었다고 할 수 있다.

종의 단일성 vs 종의 다양성

유럽이 중국과 차별화되는 또 다른 지점은 종의 다양성에서 찾아볼 수 있다. 중국은 여러 민족이 혼합되어 있긴 해도 한족 중심 왕족 체제를 유지한 데 반해 유럽은 다민족 다국가 체계였다. 생물학적으로 보면 다양한 종이 혼합된 군집일수록 위기 상황에 대처할 때 다양한 종류의 반응을 도출할 수 있다. 종의 다양성이 생존에는 훨씬 유리한 것이다. 유럽에서는 다양한 민족이 여러 생각을 가지고 서로 다른 도시와 국가에서 다양한 산업을 발달시켰기 때문에 교역을 통한 시너지 효과가 일어날 수 있었다.

정리하자면 중국이 아닌 유럽에서 자본주의가 등장할 수 있었던 이유는 내부 지향이 아닌 외부 지향 체제, 거대 제국이 아닌 경쟁적 국가 체계, 단일 경제체제가 아닌 네트워크로 이루어진 도시 경제체제, 중앙집중식 의사 결정이 아닌 다중 의사 결정 체계를 구성한 것과 종의 다양성 때문이었다고 할 수 있다. 그래서 국가 안에 갇혀 있던 자원, 노동력, 자본의 흐름이 국가 바깥으로 확장되고 흐름의 양도 늘어나서 자본의 축적이 가능해지고, 신용의 체계가 등장하면서 자본주의로 발달한 것이다. 중국과 유럽을 대조하면 〈표 7〉과 같다.

표 7. 중국 vs 유럽

중국	유럽
중앙집중 국가	네트워크 도시
내향적 대륙 경제	외향적 해양 경제
경쟁 없는 제국	경쟁하는 국가들
단일 결정 체계	다원화된 결정 체계

탈중심, 네트워크, 경쟁 체계, 흐름의 증가

윌리엄 맥닐은 『전쟁의 세계사』에서 서구 사회가 1000년간 세계를 장악할 수 있었던 이유는 도시들에 중앙집중적 의사 결정 방식과 탈중심적 의사 결정 방식이 혼재되어 있었기 때문이라고 말한다. 또한 제인 제이콥스는 도시개발의 자기촉매제가 단일도시가 아닌 여러 도시의 집단적 네트워크라고 말한다. 예컨대 15세기에는 베네치아의 상품을 수입하던 중소 도시들이 기술을 개발하고 습득하여 수입대체 상품의 그물망을 구성하였고, 이렇게 다양한 종의 상품을 생산하는 도시들이 늘어나면서 도시 네트워크로서 힘이 발휘되었다. 네트워크와 경쟁 체계가 물류와 상품의 흐름을 증가시켜 발달한 것이다. 탈중심적 체계와 이질적인 종의 그물망으로 구성된 생태계가 더 높은 생존율을 보인다는 생물학적 연구 결과도 도시 경제의 역사와 일맥상통한다. 복잡계 이론 역시 이질적인 요소로 구성된 네트워크에 의한 축적된 피드백이 새로운 창발 현상의 원인이 된다고 주장한다. 이를테면 미국은 한 국가 아래 연방의 독립성이 유지되면서 중앙집중과 탈중심이 혼재한 자본주의국가로서 성장할 수 있었다. 중앙집중 체계와 탈중심적 체계의 혼합을 어떤 방식으로 조직하느냐가 국가의 자본주의경제의 미래와도 직결되는 것이다.

코드화/초코드화/탈코드화, 영토화/탈영토화/재영토화

들뢰즈는 원시사회, 전제군주사회, 자본주의사회의 형성과 전환을 코드화/초코드화/탈코드화 그리고 영토화/탈영토화/재영토화라는 용어를 사용해서 설명한다. 각각 용어를 풀이하자면 코드화codage는 규범이 형성되는 것을 뜻한다. 초코드화surcodage[5]는 규범이 다른 규범으로 덮어씌워지면서 대체되는 과정이다. 탈코드화decodage는 규범에서 벗어나는 것을 말한다. 그리고 영토화territorialisation는 영토를 규정하는 것, 탈영토화de-territorialisation는 영토에서 벗어나는 것, 재영토화re-territorialisation는 영토가 다시 설정되는 것을 의미한다.

표 8. 코드화/초코드화/탈코드화, 영토화/탈영토화/재영토화[6]

코드화	규범의 형성	영토화	영토의 형성
탈코드화	규범의 해체	탈영토화	영토의 해체
초코드화	규범의 재규정	재영토화	영토의 재규정

자본주의에 대항하는 국가

들뢰즈와 과타리에 따르면 원시사회에서는 토지를 분할하고 코드화하면서 잉여가치를 만들었다. 이후의 전제군주사회는 원시사회의 규범(코드code)을 넘어서는 새로운 규칙들을 형성했는데, 이것이 바로 초코드화이다. 이때 국가와 제국은 규범뿐만 아니라 자원, 물류의 흐름까지 초코드화하였다. 원시사회의 영토를 해체하고 국가의 영토를 조성했다. 이것이 원시 영토의 탈영토화와 국가 영토의 재영토화로, 이런 작업을 통해 국가 질서가 확립되고 잉여가치가 생산되었다.

잉여가치가 증가하면서 초코드화된 규칙으로부터 벗어나고자 하는 움직임이 나타나기 시작했다. 14세기에 물류와 화폐의 교환으로 상인 계층이 성장하고, 봉건 체제나 국가의 규칙으로부터 자유로운 베네치아, 제노바, 암스테르담 같은 도시들이 발달한 것이 바로 그런 현상이었다. 이 시기는 자본주의로 넘어가느냐, 아니면 기존의 국가 체계에 머물러 있느냐를 가르는 분기점이 되었다. 앞서 보았듯이 13세기 중국은 자본주의로 성장할 만한 모든 과학적, 기술적 조건을 갖추고 있었다. 하지만 상업의 독점적인 발전을 철저하게 통제했고, 금속자원의 재고가 충분하다고 판단되면 광산을 폐쇄했다.[7] 급기야 14세기 명나라 초에 홍무제는 국가의 근본이 농업이라 명시하며 상업이나 광산업에 엄격한 규제를 가했다. 즉 국가가 나서서 자본의 흐름이 형성되고 재영토화되는 것을 통제한 것이다. 이것은 자본주의에 대항하는 국가권력의 노력이었다.[8]

자본주의의 탈코드화, 탈영토화

자본주의에서 흐름은 국가의 규칙으로부터 자유로워진다. 이것이 바로 흐름의 탈코드화이다.[9] 들뢰즈와 과타리는 역사 속에서 동양은 흐름을 초코드화했으며 유럽은 흐름을 탈코드화했다고 분석한다. 다시 말해 중국에서는 장인들과 상인들이 국가 장치에 의존하여 그들의 규범을 국가의 규범(코드)으로 덧씌워버리는 초코드화가 실행된 반면, 유럽에서는 국제시장이 출현하여 왕실이나 지배계급, 국가의 제한이 적고 코드화의 정도가 낮은, 즉 기존의 규범을 벗어난 탈코드화가 이루어진 것이다.[10] 기존의 코드가 파괴되고 새로운 흐름이 생겨나면서 유럽에서는 사유재산, 부, 상품의 축적과 확장이 가능해졌다.[11] 들뢰즈와 과타리는 이렇게 코드의 잉여가치가 흐름의 잉여가치로 전환되는 것이 자본주의의 근본 현상이라고 말한다.[12] 또한 이때 노동자들이 고향을 떠나서 자본의 흐름을 따라 이동하는 현상이 보이는데, 이것을 노동자들의 탈영토화라고 부른다.

자본주의의 발생과 진행, 전 지구의 연결

국가의 테두리로부터 자유로워진 자본, 물류의 흐름에서 잉여가치가 발생한다. 맑스가 자본의 흐름 안에서 '모든 견고한 것은 녹아내릴 것이다'라고 말한 것은 자본주의가 탈코드화와 탈영토화의 운동이 가능할 때 비로소 탄생하기 때문이다. 이런 흐름의 탈코드화와 탈영토화는 자본의 흐름이 영토, 종교, 가문의 규칙과 경계를 뛰어넘을 때에, 또 단일 제국에서보다 국가 간 경쟁이 있고 도시 간 네트워크가 있는 환경에서 훨씬 용이하게 일어난다. 앞서 보았듯이 이런 이유에서 자본주의의 발생과 진행은 중국이나 이슬람에서는 더디게 나타났고, 유럽에서는 빠른 속도로 이루어질 수 있었다.[13] 15-16세기 대항해시대를 지나 자본주의가 출현했지만 자본의 흐름에 있어 국가 간의 경계가 곧장 사라진 것은 아니었다. 18세기에는 국가 단위 보호무역정책이 시행되었다. 냉전 시대에는 미국, 소련 간 이데올로기 경쟁이 이어졌고, 수정자본주의가 시도되었다. 구소련이 붕괴한 후에야 이데올로기의 시대가 종료되었고, 신자유주의가 확산되고 전 지구가 하나의 세계로 연결되면서 자본의 흐름이 경계 없이 그 영토를 확장할 수 있었다.

자본주의 다음의 체계

원시사회, 전제군주사회, 자본주의사회로의 이동은 얼음, 물, 수증기의 상전이相轉移phase transition와 유사하다. 상전이가 이루어지기 위해서는 온도와 압력이 변화하고 임계상태까지 도달해야 한다. 임계온도에 도달한다고 해도 곧바로 상전이가 일어나는 것이 아니다. 에너지의 축적이 요구된다. 다음 단계로 넘어가는 데에 저항이 존재하는 것이다. 분자의 움직임이 탈코드화되고 탈영토화되어야 다음 단계로 옮겨갈 수 있다.

원시사회에서 전제군주사회로의 이동, 전제군주사회에서 자본주의사회로의 이동에서 저항은 왜 존재할까? 생산량과 물류의 순환이 일정량을 넘어서면 사회에서 감당할 수 없는 흐름과 축적의 과잉이 생겨나기 때문이다. 이 흐름과 축적의 과잉은 어떤 식으로든 해소되어야 하기 때문에 해소를 위해 전쟁이나 혁명 같은 극단적인 사건이 발발할 수도 있고, 사회가 붕괴될 수도 있다. 원시 인디언 사회의 의도적인 생산 중단, 13세기 중국 송나라의 광산 폐쇄는 생산과 흐름을 조절해서 극단적인 사건을 막고 다음 단계의 사회로 넘어가는 것을 억제하는 방식들이었다. 오늘날 신자유주의적 자본주의 역시 생산, 축적, 흐름의 과잉으로 붕괴하거나 다음 단계로 넘어가기 직전인 상태에 있다.

자본주의사회 다음에 올 사회는 어떤 사회일까? 원시사회, 전제군주사회, 자본주의사회의 발전 방향을 보면 다음에 올 사회는 더 탈코드화되고 더 탈영토화된 체계일 가능성이 높다(『안티 오이디푸스』의 사회 구분에 대해서는 〈표 9〉 참조). 아마 그것은 국가나 기업의 규칙, 경계마저 흐름 속에 녹여버리는 체계일 것이다.[14] 화폐의 진화도 탈코드화, 탈영토화의 방향으로 진행되고 있다. 화폐의 지불 방식은 현물 화폐에서 시작해서 지폐와 같은 신용화폐, 카드를 거쳐 전자화폐의 형태로 발전했다. 현재 북유럽은 지폐와 동전을 거의 쓰지 않고 카드 사용을 권장하고 있으며, 덴마크 중앙은행은 2017년부터 지폐와 동전 생산을 중단했다. 그리고 전 세계적으로 대두되고 있는 가상화폐는 카드나 전자화폐보다 더 탈코드화된 방식으로 운영되면서 국가라는 영토적 제약을 뛰어넘는 탈영토화된 화폐의 형태다.

탈코드화, 탈영토화를 중심으로 한 자본주의사회에서 흐름의 잉여가치는 국가의 경계를 초월해 전 지구적 차원에서 거대한 흐름을 만든다. 네트워크, 다양성, 탈경계, 탈영토의 가치들은 전제 국가 사회의 몰락과 경계 없는 자본주의사회로의 진입에 요구된 가치들인 동시에 자본주의의 새로운 통제 방법으로도 사용되고 있다. 들뢰즈는 이런 경계와 구분이 없는 공간을 '매끄러운 공간'이라고 부른다. 들뢰즈의 '매끄러운 공간'에 대해서 좀 더 자세히 살펴보도록 하자.

표 9. 『안티 오이디푸스』의 사회 구분

		사회 기계	재현 방식	주요 운동	잉여가치
원시 사회	미개	원시 영토 기계	영토적 재현	코드화	코드의 잉여가치
전제군주 사회	야만	야만 전제군주 기계 초월적 제국 기계	야만적, 제국적 재현	원시 영토의 탈영토화 국가 영토의 재영토화 흐름의 초코드화	코드의 잉여가치의 적분
자본주의 사회	문명	문명 자본주의 기계 내재적 현대 기계	자본주의적 재현	탈영토화 (중심에서 주변으로) 재영토화 노동자의 탈영토화 돈의 탈코드화 흐름의 탈코드화	흐름의 잉여가치

2장 매끄러운 공간의 정치학

홈파인 공간, 신자유주의, 매끄러운 공간의 양가성, 리좀

매끄러운 공간, 홈파인 공간

들뢰즈는 '매끄러운 공간espace lisse'과 '홈파인 공간espace strié' 이라는 개념을 대립시킨다. 예를 들면 좌표를 표시하기 어려운 사막이나 바다는 매끄러운 공간이고, 길과 필지로 구분된 도시는 홈파인 공간이다. 매끄러운 공간은 잠재성을 지닌 잠재태와, 홈파인 공간은 분화가 이루어진 현실태와 같다고 이해할 수 있다. 매끄러운 공간을 수정란의 예를 통해 살펴보자. 최초의 수정란은 함입invagination, 주름 접힘, 분화가 이루어지지 않았기 때문에 위, 장, 간, 눈, 코 같은 기관은 아직 없는 상태이다. 들뢰즈는 유기체로 분화하기 이전의 수정란의 상태를 '기관 없는 신체corps sans organes'라고 말한다.

기관 없는 신체, 생의 충동, 죽음충동, 파시즘

기관 없는 신체는 고대 철학의 질료hyle, 아페이론apeiron(무규정자)과도 유사한 개념이다. 질료와 아페이론이 한계 없는 무규정성을 대표하는 개념인 반면 형상eidos과 페라스peras는 경계와 규정성을 대표하는 개념이다. 그래서 들뢰즈는 분열증을 통해서 기관 없는 신체로 돌아갈 수 있을 것이라고 본다. 기관 있는 유기체로 가려는 운동이 생의 충동Eros이라면 기관 없는 신체로 돌아가려는 운동은 죽음충동Thanatos으로 설명할 수 있다.[15] 죽음충동은 유기체 이전의 죽음의 상태로 돌아가려는 충동을 말한다. 들뢰즈는 빌헬름 라이히가 파시즘을 설명하는 정신분석학적 방식을 죽음충동과 연결시킨다. 즉 인간은 자유를 포기하고자 하는 충동이 있고, 자신의 무력함을 욕망한다는 것이다. 역사의 진행은 생의 충동과 죽음충동으로 설명할 수 있다. 들뢰즈의 영토화/탈영토화, 코드화/탈코드화 역시 프로이트의 두 가지 정신분석학적 운동을 사회에 적용한 것이라고 할 수 있다.

기관 없는 신체에서 분화가 이루어지면서 각 기관들의 영토와 경계가 형성된다. 이렇게 형성된 유기체는 여러 경계선이 그어진 신체로, 들뢰즈는 이것을 '홈파인 공간'이라고 부른다. 들뢰즈는 분화된 사회조직(홈파인 공간, 현실태)보다는 아직 분화되지 않은 상태(매끄러운 공간, 잠재태)에 강도와 에너지가 더 충만하다고 본다. 이를 정리하면 〈도식 6〉과 같다.

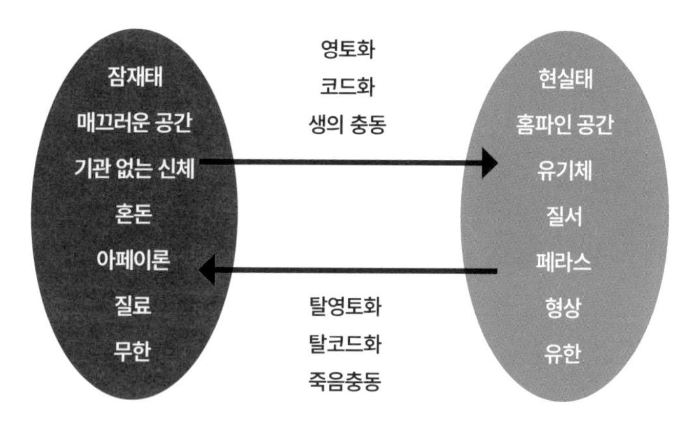

도식 6. 매끄러운 공간과 홈파인 공간

시대별 시설들, 줄 그어진 공간에서 매끄러운 공간으로

각 시대를 대표하는 시설들을 꼽아보면 시설들도 흐름을 분절하고 경계를 나누는 방식에서 흐름을 연장하고 확장하는 방식으로 바뀌어간 것을 알 수 있다. 앞에서 보았듯이 18세기 시설이 전 세계의 지식을 분류하고 표상하는 것이었다면 19세기 시설은 규율과 규범을 강요하고 시공간을 분절하는 것이었다. 이후 19세기 말에는 상품생산과 인구이동이 늘어나면서 이동 및 보관과 관련된 시설이 중요해졌다. 20세기에 들어서면 자동차의 발달로 인해 터미널이, 화이트칼라의 증가로 사무소가 중요한 시설들로 자리매김한다. 20세기 후반에는 비행기를 통한 이동, 즉 여행, 출장, 이주가 늘고 대규모 소비가 증가하면서 공항, 호텔, 쇼핑몰이 시대를 대표하는 시설들로 대두된다. 이런 변화의 양상을 살펴보면 시설들이 홈파인 공간에서 매끄러운 공간으로 점차적으로 이동하고 있는 것을 확인할 수 있다. 이를 정리해보면 〈표 10〉과 같다.

표 10. 각 시대별 시설들과 공간, 사회의 유형

시기	시설	시대	공간	사회
18세기	도서관, 미술관, 박물관, 동물원	고전주의 시대		
19세기 초중반 19세기 후반 20세기 초반	병원, 학교, 감옥, 공장 기차역, 백화점, 창고 사무소, 터미널	근대	홈파인 공간	규율사회
20세기 후반	쇼핑몰, 공항, 호텔	현대	매끄러운 공간	성과사회

『지능 기계 시대의 전쟁』, 마누엘 데란다

홈파인 공간에서 매끄러운 공간으로의 이행은 다양한 분야에서 나타난다. 마누엘 데란다는 들뢰즈의 철학을 현대의 다양한 기술 과학과 접목해서 발전시키려 한다. 특히 그는 『지능 기계 시대의 전쟁』에서 전쟁의 양상이 어떻게 바뀌어왔는지를 추적하며 현대사회의 변화를 설명하고 있다. 이 작업은 들뢰즈와 과타리가 『천 개의 고원』에서 전쟁기계와 국가기구를 대립시켜 전쟁의 양상을 분석한 것의 연장선상에 있다고 할 수 있다.

20세기 이전의 전투는 각 진영에서 활이나 대포와 같은 원격 무기를 쓰긴 했어도 결국 전선이 형성된 곳에서 근접전을 펼치는 방식으로 전개되었다. 이후 본격적으로 총기가 사용되어 원거리 사격이 가능해지자 전투는 엄폐 가능한 참호전의 양상을 띠었다. 제1차 세계대전에서는 기관총과 전차가 도입되면서 근접전이 점차 사라졌다. 제2차 세계대전은 공중전이 본격화된 전투였다. 베트남전쟁은 지형을 활용한 게릴라전의 양상을 띠었다. 베트남군은 밀림과 땅굴에 숨어서 기습하는 방식을 사용했고, 미군은 헬기, 네이팜탄, 화염방사기, 고엽제로 은신처가 되는 지형을 제거하려 했다. 베트남전쟁 이후로는 전선이 명확하게 구분되지 않으면서 전투의 양상이 지상과 공중, 전방과 후방 모두에서 이루어지는 전면전으로 바뀌었다. 걸프전쟁에서는 보다 정확한 원거리 요격 전투 방식이 등장했고 전자기술이 본격적으로 사용되었다.

2022년 발발한 우크라이나전쟁에서는 네트워크와 드론이 전쟁의 판세에 큰 영향을 끼쳤다. 과거에 전쟁은 국가기관, 언론 통신기관, 발전소, 교통시설을 폭격하고 점령하여 무력화시키는 방식으로 진행되었다. 특히 통신 두절은 상대의 공격력을 약화시키고 국가 기능을 마비시키는 대표적인 방법이었다. 그런데 우크라이나전쟁에서는 일론 머스크가 스타링크 위성들을 우크라이나 위로 이동시켜 무선인터넷 네트워크를 제공했기 때문에 러시아가 통신시설을 모두 파괴해도 군사 장비 간의 연결이나 국가기관의 운영에 지장이 없었다. 러시아가 해킹 공격을 시도했지만 미국에 있는 머스크의 지휘로 방어했고, 우크라이나 드론 부대는 스타링크의 지원을 받으며 장거리 폭격을 가했다.

이러한 전쟁 양상의 변화에서 보이듯이 전선의 의미가 약화되고 진방과 후방, 민간과 군인의 경계가 흐려지고 있다. 또한 정보의 흐름이 중요해지고 그 활용이 위성, 인터넷, 스마트폰을 연결하는 네트워크를 중심으로 확산되고 있다. 전장의 경계가 사라지고 모든 곳에서 모든 사람이 참여한다고 볼 때 전쟁의 양상도 홈파인 공간에서 매끄러운 공간으로 이동하고 있다고 해석할 수 있다. 이를 정리하면 〈표 11〉과 같다.

표 11. 전쟁 양상의 변화

시기	전쟁 양상	주요 무기
20세기 이전	근접전	칼, 활, 대포
제1차 세계대전	참호전	총, 기관총, 전차
제2차 세계대전	공중전	비행기, 항공모함
베트남전쟁	전면전	네이팜탄, 화염방사기, 부비트랩(전방, 후방)
걸프전쟁	전자기술전	원거리 미사일, 요격미사일
우크라이나전쟁	드론전	인터넷, 드론, 통신위성, 해킹

전제군주사회, 자본주의, 도시, 흐름

봉건 전제군주사회에 비해 원시사회는 규범(코드)과 영토가 아직 분화되지 않았다는 점에서 매끄러운 공간이었다. 다시 말하면 전제군주사회는 원시사회보다 홈파인 공간이라고 할 수 있다. 그러다가 봉건사회에서 상업의 중심지로서 도시가 생겨났다. 도시는 봉건 체제의 제약에서 벗어나 자유로운 공기를 느낄 수 있는 곳이었다. 점차 자본의 규범이 확립되면서 전제군주의 규범이 탈코드화되었고, 자본주의가 봉건 체제의 영토를 탈영토화시켰다. '모든 견고한 것이 녹아내릴 것이다'라는 맑스의 말처럼 자본주의는 전 지구적 네트워크를 만들고 모든 경계를 허물었으며, 끊어진 흐름들을 연결해 흐름을 증가시켰다.

전제군주사회가 홈파인 공간이므로 그다음에 등장한 자본주의사회는 전제군주사회보다 더 홈파인 공간이라고 할 수 있을까? 앞에서도 보았듯이 그렇지 않다. 자본주의사회는 전제군주사회의 규범과 영토를 해체하는 탈코드화, 탈영토화를 행하기 때문에 전제군주사회보다 매끄러운 공간에 가깝다. 흐름의 관점에서 보면 전제군주사회는 흐름을 절단하는 반면 자본주의사회는 흐름을 끊임없이 연결하고 확장한다. 전제군주사회는 흐름을 통제하고, 자본주의사회는 흐름이 과잉이 되도록 만든다. 그런데 여기에 매끄러운 공간을 반드시 긍정적으로 받아들일 수만은 없게 만드는 측면이 있다.

매끄러운 공간의 양가성

매끄러운 공간은 두 가지 다른 의미로 쓰일 수 있다. 첫 번째로 매끄러운 공간은 앞에서 말한 것처럼 바다, 사막, 수정란 같은 무한한 잠재성의 공간을 뜻한다. 라캉의 실재, 들뢰즈의 기관 없는 신체 같은 무규정적 공간, 이것이 매끄러운 공간의 원래 의미이다. 두 번째로 이것은 자본에 의해 견고한 것들이 모두 녹아버린 세계를 가리키는 의미로도 사용된다. 매끄러운 공간에 규범이나 규정성이 개입되면 그 공간은 홈파인 공간이 된다. 그런데 홈파인 공간에서 흐름을 가르는 선들이 무수할 정도로 많아져서 경계가 점점 사라지면 그곳은 마치 매끄러운 공간처럼 보인다. 다시 말해 엄청나게 많은 줄이 촘촘하게 그어진 공간은 꼭 매끄러운 공간처럼 보이는 것이다. 이것이 바로 신자유주의 피로사회의 매끄러운 공간이다.

따라서 첫 번째 의미의 매끄러운 공간은 억압으로부터 벗어나게 하는 자유와 해방의 메시지이지만, 두 번째 의미의 매끄러운 공간은 새로운 억압의 방식이라고 할 수 있다. 이런 양가성이 매끄러운 공간의 의미에 혼란을 준다. 오늘날 도시에서는 마치 경계가 사라진 연속적이고 유연한 공간이 형성된 것 같다. 하지만 자유시장경제의 논리를 따라간 도시의 구조가 정말로 자유로운지는 의문이다. 앞에서 보았듯이 신자유주의 성과사회는 개인이 억압을 거의 의식하지 못할 정도로 환경 자체를 통제하기 때문이다.

리오타르, 숭고의 두 가지 의미

프랑스 철학자 장프랑수아 리오타르는 현대의 정신을 숭고로 규정하며 숭고 개념을 두 가지 의미로 구별한다. 첫 번째로 아방가르드의 숭고는 예술 작품에서 느껴지는 숭고로, 예컨대 예술 작품에서 버크와 칸트의 숭고 개념을 느끼는 경우이다. 두 번째로 자본주의의 숭고는 자본주의경제가 만드는 아찔한 속도와 흐름에서 느껴지는 숭고이다.[16] 이 구별은 매끄러운 공간의 양가성과 서로 통하는 지점이 있다. 매끄러운 공간, 실재, 숭고는 이렇게 두 가지 상반된 의미를 갖는다. 후기자본주의에서는 홈파인 공간의 홈이 너무나 촘

도식 7. 자연, 실재, 잠재성의 매끄러운 공간

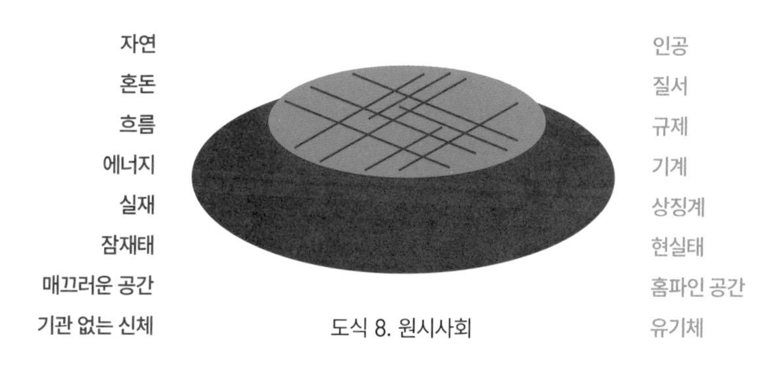

도식 8. 원시사회

촘해서 그 흐름이 현기증을 일으키는 숭고의 감정을 불러일으켜 마치 매끄러운 공간처럼 느껴질 수 있다. 하지만 자본주의가 만들어내는 매끄러운 공간은 완전한 무규정적 상태인 자연, 실재, 잠재성의 매끄러운 공간과는 구별되어야 한다. 이를 〈도식 7〉, 〈도식 8〉, 〈도식 9〉, 〈도식 10〉과 같이 나타낼 수 있다.

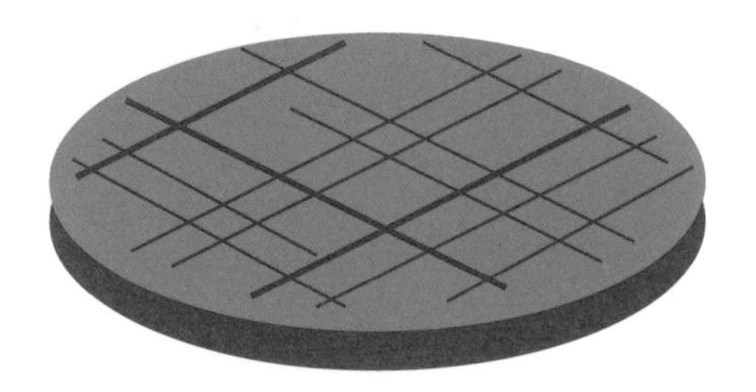

도식 9. 전제군주사회의 홈파인 공간

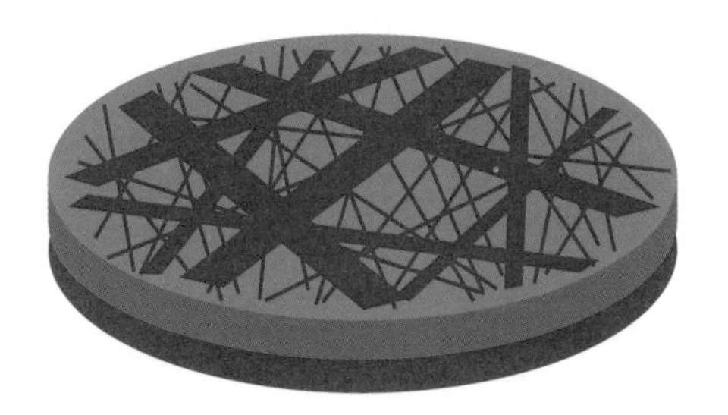

도식 10. 신자유주의 사회의 매끄러운 공간

자본주의의 매끄러운 공간

봉건시대에 시장과 도시가 자유의 이름으로 등장해 전제군주의 억압으로부터 해방을 가져온 것은 사실이지만, 오늘날 신자유주의의 시장은 새로운 억압의 기제로 작동하고 있다. 자본주의가 전제군주사회에 비해 탈영토화, 탈코드화되긴 했지만 첫 번째 의미의 완전한 매끄러운 공간에 도달하지는 못한 것이다.

들뢰즈 자신도 매끄러운 공간이나 리좀에 대해서 완전히 신뢰하지는 말라고 경고하고 있는데,[17] 이것은 두 번째 의미의 매끄러운 공간이나 리좀을 경계하는 것이다. 거듭 말하듯이 매끄러운 공간이나 리좀은 홈파인 공간, 줄 그어진 공간에 비해 해방적인 성격을 갖지만 그 자체에 또 다른 억압의 기제를 내포한다. 신자유주의 성과사회는 컴퓨터, 스마트폰, 블랙박스, CCTV를 통해 정보와 상품의 흐름을 가속화하고 있다. 여기에는 편리성이 있기도 하지만 동시에 새로운 기술적 통제도 생겨나고 있다. 또한 이런 기술의 발전은 학교, 기업, 병원 등의 경계를 녹아내리게 하고 각각을 연속적인 공간으로 만들고 있다. 학교의 규칙이 기업에 적용되고, 병원의 규칙이 학교에 적용될 정도로 각 규칙의 정체성이 사라지고 있는 것이다. 예컨대 오늘날 도시에서는 끊임없이 연속적으로 흘러가는 쇼핑의 공간이 모든 것을 녹아내리게 만들어 학교, 병원, 도서관, 미술관 등의 공간이 모두 쇼핑몰과 유사해지고 있는 것이다.

연속성, 경계 없음, 리좀적 구조의 위험성

더글러스 스펜서 및 여러 학자는 들뢰즈와 관련해 네트워크, 연속성, 경계 없음, 리좀적 구조, 매끄러운 공간을 추구하는 현대건축의 양상이 근대 규율사회로부터의 해방의 메시지를 담고 있지만, 다른 한편으로는 신자유주의의 시장 논리와 매우 유사하다고 지적한다.[18] 산학 협력이 이루어지는 건축이나 휴식과 업무가 연결되어 생산성과 창의성을 높이는 건축, 교육과 체육시설이 혼합된 끊임없는 자기 계발이 가능한 공간, 지역과 연계된 상업 시설, 상업지역과 교육시설이 혼재된 건축 등은 근대도시의 억압적 경계를 허물지만, 동시에 신자유주의의 시장 논리를 그대로 받아들이고 있다. 즉 자유와 해방의 이름으로 만들어진 매끄러운 공간이 오히려 신자유주의적 자유시장경제를 확고하게 굳히는 도구가 될 수 있는 것이다. 이러한 위험성은 건축에만 국한되지 않는다. 인터넷은 체제의 억압에 대한 정보를 제공하고 혁명의 동인이 될 수 있지만, 다른 한편으로는 개인 정보의 해킹으로 개인을 감시하고 통제하는 도구가 될 수 있다. 매끄러운 공간은 항상 양가성을 가지는 것이다.

해방으로서의 매끄러운 공간, 실재, 죽음충동

완전한 해방으로서의 매끄러운 공간은 라캉이 말하는 '실재'와 매우 유사하다. 이 완전한 해방의 장소인 실재에 도달하는 것은 마치 죽음에 도달하는 것과 같다. 이는 깨달음을 얻은 선사가 열반에 드는 것과도 비슷하다. 그래서 프로이트와 라캉은 실재에 도달하고자 하는 충동을 죽음충동 또는 열반 원리라고 불렀다. 하지만 생명체는 실재에서 존재하고 살 수 없다. 그렇기 때문에 우리가 실질적으로 추구해야 하는 것은 실재에 도달하는 것이 아니라 흐름과 순환을 원활하게 하는 것에 가깝다. 이 점에 대해서는 3부 「물질대사와 자본주의」에서 자세히 살펴볼 것이다. 그전에 현대도시가 만들어내는 매끄러운 흐름의 공간인 비장소와 정크 스페이스에 대해서 알아보자.

3장 비장소, 정크 스페이스, 현대도시

가속화된 흐름이 만드는 장소, 쇼핑몰, 애틀랜타, 홍콩

편의점에서 물건을 사고 택배를 보낸 후 지하철을 타고 이동해 은행에서 업무를 본다. 패스트푸드 식당에서 식사를 하고 쇼핑몰에서 물건을 사서 집으로 돌아온다. 터미널에서 고속버스를 타고 출장을 가거나 공항에서 비행기를 타고 여행을 가서 호텔에서 잠을 잔다. 이 모습은 너무나 익숙한 현대도시인의 삶의 방식이다. 편의점, 은행, 패스트푸드 식당, 쇼핑몰, 터미널, 공항, 호텔은 매우 실용적이지만 특별히 기억되지도 않고 고유한 정체성도 없는 장소다. 즉 '장소'라고 부르기도 어려운 비장소non-place다. 하지만 이런 장소들이 없다면 도시에서의 삶은 작동하지 않는다. 이 장소들은 무엇이며 어떤 특징을 갖고 있을까?

흐름의 증가

이런 장소들의 뚜렷한 특징은 흐름과 관련된다는 점이다. 우리

사회에서 이런 장소들이 많아지는 중요한 원인은 도시 내 흐름의 증가에서 찾을 수 있다. 과거에는 상품과 인구의 이동이 많지 않았기 때문에 대형 창고, 기차역, 터미널, 쇼핑몰 같은 시설이 필요 없었다. 그 대신에 광장, 마을 장터, 동네 식당 같은 인간적 장소가 동일한 역할을 담당했다. 현대의 비인간적인 장소들은 언제부터 생겨났을까?

앞에서 보았듯이 18세기 말 산업혁명으로 시작된 생산량의 증가는 물류 이동의 증가로 이어졌다. 물류 이동의 주요한 수단이 선박에서 철도로 바뀐 시기는 19세기였다. 1830년 영국에서 리버풀과 맨체스터 사이를 시속 40킬로미터로 연결하는 세계 최초의 실용 철도가 개통됐고,[19] 이를 시작으로 철도교통은 19세기 세계경제의 성장을 견인했다. 20세기에는 자동차와 비행기 같은 교통수단이 중심이 되었다. 20세기에 들어 생산량이 비약적으로 증가하면서 자원, 상품, 인구, 에너지의 이동이 늘어났고, 이를 관리하기 위한 시설이 필요해졌다. 이동이 도시나 국가 규모를 넘어서 전 세계적인 차원으로 확대되면서 흐름을 관리하기 위해 할애되는 시설의 면적이 급증했다.

도시기반시설

교통시설 이외에도 도시에는 흐름을 담당하고 관리하는 시설이 점점 늘어났다. 공항이나 항만 주변에는 대규모 창고, 사무실, 산업단지, 호텔, 아울렛이 생겨났다. 현대도시의 흐름과 관련된 시설들을 종류별로 나열해보면 〈표 12〉와 같다.

표 12. 도시기반시설의 종류

용도	시설
교통	공항, 기차역, 고속도로, 고가도로, 주차장, 버스터미널, 지하철역, 지하철 차고지
에너지	발전소, 변전소, 정유소, 주유소
물	상수도시설, 하수도시설, 하수처리장, 정화시설, 빗물처리장, 유수지
쓰레기처리	폐기물처리장, 재활용처리장
물류	쇼핑센터, 쇼핑몰, 물류 창고
금융	은행, 증권거래소
여행	호텔, 유스호스텔

〈표 12〉에서 언급된 교통, 에너지, 상하수처리, 쓰레기처리 관련 시설은 도시기반시설, 도시 하부구조infrastructure, 유휴 시설이라 불린다. 이런 시설은 실제 사람이 거주하는 시설이 아니라서 크게 각광받지 못했으나 오늘날 도시에서 전체 면적이 늘어나면서 점점 그 중요성이 부각되고 있다. 서울시 연구에 따르면 이러한 도시기반시설의 면적이 서울의 절반을 차지할 정도이다. 런던은 도시 면적의 1/4을, 로스앤젤레스는 1/2을 주차장이나 도로 같은 자동차를 위한 공간으로 사용하고 있다.[20] 이 외에 물류, 금융, 여행 용도의 시설은 필수적인 도시기반시설은 아니지만 흐름과 관련되는 시설이다.

서비스하는 공간, 서비스받는 공간, 순환계

건축가 루이스 칸은 건축공간을 서비스하는 공간servant space과 서비스받는 공간served space으로 나누었다. 서비스하는 공간은 이동이나 설비와 관련되는 계단, 엘리베이터, 덕트공간 등을, 서비스받는 공간은 사람이 거주하고 사용하는 방들을 가리킨다. 실제로 건물에서는 서비스하는 공간이 전체 면적에서 큰 비중을 차지한다. 이 공간이 얼마나 잘 설계되어 있는지가 방들의 설계만큼이나 중요한 것이다. 칸은 이러한 공간의 구분이 도시 규모로도 확대될 수 있다고 보았다. 도시 규모로 보면 서비스하는 공간이 바로 흐름과 관련된 시설, 즉 도시기반시설에 해당한다. 칸은 도시를 흐름으로 파악할 수 있다고 생각했고, 필라델피아 도시계획을 구상할 때에도 주차장과 도로를 건물들보다 먼저 설계했다. 우리 몸에 비유하자면 서비스하는 공간과 도시기반시설은 혈관이나 순환계라고 할 수 있다. 우리 몸의 장기, 팔과 다리, 눈, 코, 입이 잘 작동하려면 순환계가 에너지와 산소를 공급해주어야 하는 것처럼 도시에서도 기반 시설의 역할이 매우 중요하다. 생명의 진화에서 고등 생물로 진화할수록 생명체의 순환계가 더 정교하게 분화하듯이 도시가 발달할수록 기반 시설도 더 정교하게 분화되고 발달한다. 메소포타미아의 수로, 고대 로마의 수도교, 파리의 하수도, 뉴욕 월스트리트의 전산망, 로스앤젤레스의 고속도로, 아시아 도시들의 지하철은 도시기반시설의 발달사를 대변하고 있다.

산업구조의 변화, 이동과 순환의 증가

산업구조가 진화할수록 도시 순환계의 역할은 강화된다. 1차 산업 중심의 사회에서는 자연에서 재배하거나 채집한 농수산물을 가공하고 이동시켰다. 18세기 말에는 산업혁명에 힘입어 2차산업인 제조업이 발달하여 공장에서 상품을 만들고 제련소에서 석탄을 제련하고 발전소에서 에너지를 생산했다. 20세기 중반에 이르러 대량생산 대량소비가 가능해지면서 19세기까지 왕과 귀족들만 소비할 수 있었던 물건을 일반인도 소비할 수 있는 평등 소비사회가 열렸다. 20세기 후반부터는 3차산업인 금융업과 서비스업이 급격하게 발전해 상품과 화폐의 순환이 가속화되었다. 이 흐름을 보면 산업이 진화할수록 순환의 속도와 양도 증가하고, 보이지 않는 정보와 금융의 움직임도 많아짐을 알 수 있다. 대량소비사회에 다다를수록 이동과 순환이 늘어나는 것이다.

비장소, 마르크 오제, 인류학

1970년대 유럽의 학자들은 대량소비사회에서 등장한 장소들과 시설들에 관심을 가지고 본격적으로 연구하기 시작했다. 이 시기에 공간에 대한 관심이 급증했기 때문에 어떤 학자들은 1900년대가 언어적 전회의 시기였다면 1970년대는 공간적 전회의 시기였다고 말하기도 한다. 또한 19세기에는 시간, 역사, 진화, 통시성이 시대정신을 이루었던 반면 20세기 중반에는 당시에 유행한 구조주의를 중심으로 탈시간, 탈역사, 공시성이 중요한 화두가 되었는데, 1970년대의 공간에 대한 관심은 이러한 전환과도 서로 통한다.

프랑스 인류학자 마르크 오제는 대량소비사회에 나타나는 특이한 장소들을 '비장소non-place'라고 불렀다.[21] 오제는 원래 현대도시를 다루던 학자는 아니었다. 아프리카와 남미의 민족학을 논하면서 정주séjour, 이동parcours, 만남rencontre의 민족학을 연구하던 학자였다.[22] 그랬던 그가 먼 오지가 아닌 우리 근처의 현대도시로 눈을 돌려서 인류학적 시선을 접목해 쓴 책이 『비장소』다. 오제는 장소성, 역사성, 관계성을 갖지 못한 현대적인 장소[23]들을 '비장소'라고 부르는데, 바로 고속도로, 항공기 내부, 호텔, 공항, 철도역, 주유소, 편의점, 쇼핑몰, 아울렛 같은 장소들이다.[24] 이러한 비장소는 광장, 교회 같은 전통적인 장소 개념과 대조된다. 우리는 어떤 도시를 여행하고 나면 그 도시의 이름을 듣기만 해도 장소의 모습과 분위기를 떠올린다. 하지만 그 장소에 가기 위해 지나갔던 고속도로, 주유소, 맥도날드, 호텔 체인점은 잘 기억나지 않는다. 비장소는 경험이나 기억이 아닌 텍스트나 표지판 같은 기호에 의해서만 규정된다.[25]

현대도시에서는 이동이 정주를 대체하고 있다. 오제는 이동의 신 헤르메스가 화로의 여신 헤스티아의 자리를 차지했다고 말한다.[26] 장소는 역사와 시간을 일깨우지만 비장소에는 오로지 현재만이 존재한다. 오제는 이런 현대도시의 성격을 근대를 넘어서는 초근대성surmodernité으로 본다.[27]

빅터 그루엔, 쇼핑몰, 자동차+쇼핑+알파

쇼핑몰은 비장소의 대표적인 예로 언급된다. 보행자의 흐름과 쇼핑이 결합된 것이 19세기의 아케이드이고, 철도의 흐름과 쇼핑이 결합된 것이 20세기 초반의 백화점이라면, 자동차의 흐름과 쇼핑이 결합된 것이 바로 20세기 중반의 쇼핑몰이다. 쇼핑몰의 발생지는 미국이지만, 쇼핑몰이라는 아이디어를 생각해낸 사람은 오스트리아 건축가 빅터 그루엔이었다. 그는 원래 빈에서 상점을 설계하는 건축가로 일했는데, 1938년 미국 서부로 이주해 새로운 설계 작업을 고민하던 중 자동차 문화에 주목하게 된다. 유럽은 구도심을 중심으로 하는 보행 문화가 보편적인 데 반해 미국 서부 도시들은 넓게 펼쳐진 도로를 따라 자동차로 이동하는 경우가 더 많았다. 이런 도시들에서는 사람들이 길을 걸어다니지 않아 유럽처럼 길거리에 상점을 열어도 장사가 안 되었다. 그래서 그루엔은 자동차와 쇼핑이 결합된 건물 유형을 생각해냈고, 그것이 바로 쇼핑몰이었다.

그렇게 1954년 개장한 노스랜드 쇼핑몰은 혁신적인 발상이 돋보였다. 땅값이 싼 교외 부지를 매입해서 넓은 주차장과 거대한 쇼핑 공간을 만든 것이다. 그리고 쇼핑몰을 2층 건물로 지었는데, 교외의 땅이 넓어서 도심 백화점처럼 고층으로 지을 필요가 없었기 때문이다. 이로써 토지 매입비와 건축비가 절약되었다. 쇼핑몰 안으로 들어서면 다른 세계를 연상시키는 인테리어와 야자수를 이용한 플랜테리어가 마치 새롭게 여행을 온 것 같은 느낌을 준다. 게다가 그

빅터 그루엔, 노스랜드 쇼핑몰

루엔은 여기에 레스토랑과 편의 시설을 결합시켜서 '쇼핑+알파'를 제공했다.[28] 이러한 발상이 오늘날까지 이어져 현대건축에서는 쇼핑에 놀이동산이 결합되기도 하고 호텔, 문화센터, 공연장, 스포츠센터가 결합되기도 한다.

쇼핑, 기술의 발전, 에스컬레이터, 에어컨

기술의 발전 없이 변화는 이루어질 수 없었다. 19세기 말 파리의 아케이드는 상품을 소비할 수 있는 부르주아계급의 발생 및 철과 유리 기술의 발달로 만들어질 수 있었다. 20세기 초반의 백화점은 교통 발달에 따른 유통 개선에 힘입어 강철과 콘크리트를 이용한 장스팬long span(먼 기둥 간격) 건축 기술로 실현되었다. 20세기 중반 등장한 쇼핑몰은 대량생산 대량소비 시스템과 소비 잠재력이 큰 중산층의 성장 그리고 자동차의 보급으로 가능했다.

쇼핑몰에서 에스컬레이터는 엘리베이터와 달리 많은 수의 사람이 연달아 이동할 수 있게 해주었다. 에어컨은 날씨에 상관없이 쾌적하게 쇼핑할 수 있게 해주었다. 적절한 온도, 습도, 조명 그리고 야자수 같은 요소를 사용한 이국적 인테리어는 낮과 밤, 내부와 외부, 이곳과 저곳의 경계를 모두 허물어버리면서 연속적으로 눈앞에 상품이 펼쳐지는 자본주의의 환상적인 낙원을 완성시켰다.

매끄러운 공간, 쇼핑의 침투

유럽의 백화점은 도심에, 미국의 쇼핑몰은 교외에 지어진 반면 아시아에서는 도심의 백화점과 교외의 쇼핑몰이 결합해 도심의 쇼핑몰로 변화했다. 이런 쇼핑몰은 다른 흐름들에 붙어서 공생 내지는 기생을 하는 형태로 발전했다. 즉 기차역, 공항, 박물관, 공연장 같은 교통과 문화의 흐름에 결합해 많은 유동인구를 흡수하는 방식으로 변화한 것이다. 이에 대해 네덜란드의 건축가 렘 콜하스는 모든 것이 쇼핑이 된다고 평한다. 오늘날 시장경제의 논리가 모든 곳에 침투하고 있듯이 도시의 모습에도 예외가 아닌 것이다.

공산주의 경제체제가 붕괴한 이후로 쇼핑은 경계도 장애물도 없이 지구상의 모든 곳으로 퍼져나가고 있다. 이 쇼핑 공간에 대해 콜하스는 들뢰즈의 개념을 이용해서 '매끄러운 공간'이라고 칭한다. 우리 주변을 관찰해보면 박물관도 공연장도 학교도 심지어 교회까지 쇼핑몰처럼 변해가는 것을 볼 수 있다. 모든 견고한 것이 녹아내린 쇼핑 공간은 언제나 새로운 물건들로 교체되고, 어딘가에서 봤던 것처럼 점점 정체성이 사라진다. 콜하스는 이 쇼핑 공간을 정크푸드를 소비하는 것처럼 손쉽게 소비되고 의미 없이 잊히는 공간이라는 뜻에서 '정크 스페이스junkspace'라고 부른다. 음식이나 의복처럼 공간도 소비 자본주의에서 자유로울 수 없다.

정크 스페이스, <멈춤 없는 도시>

콜하스는 근대화modernization의 생산물은 특징적인 근대건축이 아니라 정크 스페이스라고 말한다. 정크 스페이스는 근대화 이후에 남겨진 것, 응고된 것으로 근대화의 부산물이자 낙진이며, 에스컬레이터와 에어컨이 만나 석고보드와 인큐베이터 안에서 잉태된 것이고, 돌연변이지만 본질이며 본체라는 것이다.[29]

콜하스는 『광기의 뉴욕』에서 엘리베이터가 근대의 마천루를 가능하게 한 진정한 근대건축의 창시자였음을 지적한다. 나아가 석고보드, 에스컬레이터, 에어컨이 현대의 쇼핑몰이나 공항 같은 정크 스페이스를 탄생시킨 중요한 요소들임을 강조한다. 무빙워크와 에스컬레이터로 끊임없이 이동하는 정크 스페이스의 핵심은 연속성이다. "정크 스페이스는 화면보호기와 같이 기억에 남겨지지 않는다. … 정크 스페이스는 디자인을 먹고 자라지만 디자인은 그 속에서 종말을 고한다. 그곳에는 형태란 없다. 오로지 급격한 증식만이 있을 뿐이다."[30] 이러한 정크 스페이스는 특징 없이 무한히 확장하는 자본주의의 공간을 대변한다. 콜하스는 항공로, 지하철, 고속도로망, 백화점, 나이트클럽, 독신자 아파트, 공항, 면세점을 정크 스페이스의 예로 들면서 그 공간이 우주까지 확장되는 디스토피아적 전망을 제시한다. 정크 스페이스는 비장소와도 유사하며, 20세기 중반 대량생산 대량소비 시스템하의 도시의 모습을 적나라하게 묘사한 디자인 그룹 아키줌Archizoom이 〈멈춤 없는 도시No-stop city〉 연작에서 나타낸 비판적 전망과도 일치한다.[31]

로스앤젤레스, 애틀랜타, 비장소로서의 도시

도시 전체가 비장소나 정크 스페이스로 이루어질 수도 있을까? 로스앤젤레스나 애틀랜타를 그 예로 들 수 있다. 이 도시들은 무한히 확장되는 격자 도로망, 서로 얽혀 있는 고속도로와 고가도로, 공항, 호텔, 쇼핑몰, 주차장을 특징으로 한다. 1950년대 자동차의 발달은 이동성의 환상을 만들어냈고, 장차 자동차로 장거리 출퇴근을 하고 쇼핑을 할 것이라는 환상은 새로운 도시를 만들어냈다. 로스엔젤레스는 자동차가 없으면 생활이 불가능한, 보행자의 보행 범위를 넘어선 도시다. 도심에도 고가도로가 얽혀 있고, 격자형 도로를 따라서 도시 기능들이 넓게 퍼져 있다. 뉴욕이 '도시 밀집urban congestion'을 대표한다면 로스앤젤레스는 무한한 '도시 확장urban sprawl'을 대표한다고 할 수 있다.

애틀랜타 역시 자동차에 의지해 작동하는 도시다. 이곳에는 더이상 중심도 주변도 없다. 이 도시에서는 모든 것이 흩어져 있다. 유럽처럼 도시를 하나로 묶는 요소가 없는 것이다. 전통적인 도시와는 대조되는 이 특이한 도시는 자동차가 있어야만 성립된다. 새로운 기술이 만들어낸 특이점이다.

홍콩, 도쿄 시부야, 싱가포르, 흐름의 도시

흐름으로 만들어진 도시로는 홍콩과 도쿄를 들 수 있다. 홍콩은 초고층과 보차분리의 환상에 의해서 성립된 도시다. 1957년 스

1
2

로스앤젤레스 1

애틀랜타 2

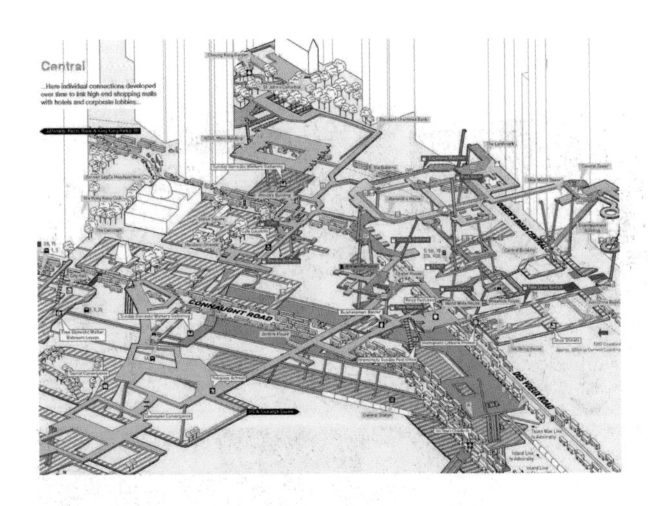

애덤 프램튼 외, 『토대 없는 도시』(2012)에 실린
보차분리 시스템 투영도

미스 부부는 베를린 중심부Berlin Hauptstadt 계획안을 제안했는데, 이 계획은 도시 2층에 육교와 데크deck로 건물들을 연결하고 지상에 자동차가 자유롭게 다니도록 한 것이었다. 홍콩은 이런 아이디어가 훌륭하게 실현된 도시다. 지상에 자동차도로가 있고, 2층으로 건물들이 연결되어 있어 통로를 통해서 모든 건물을 드나들 수 있다. 이에 홍콩은 '토대 없는 도시Cities without ground'라고 불리기도 한다.[32]

홍콩에서 보차분리가 성공할 수 있었던 데에는 크게 두 가지 요소가 작용했다. 바로 초고밀도 도시라는 점과 날씨가 고온다습하다는 점이다. 밀도가 낮은 도시에서 이런 데크 시스템은 성립하지 않는다. 왜냐하면 사람들은 대부분 지상에서 걸어 다니고 싶어하기 때문이

홍콩, 토대 없는 도시

다. 유럽 신도시들에서 보차분리 데크가 사용되지 않아 황량해진 것은 이런 이유에서다. 한편 홍콩은 여름에 고온다습하고 강우량이 많아서 에어컨이 있는 건물 안에서 걸어 다니는 것이 훨씬 쾌적하다. 그래서 홍콩 사람들은 지상으로 다니기보다 건물 내부를 잇는 2층 통로와 육교를 이용하기를 선호한다.[33]

도쿄는 흐름이 중첩되어 있는 도시로, 일부 지역에서 극단적인 비장소의 성격을 관찰할 수 있다. 도쿄 시부야역은 건물 중간층에 위치해 있어 기차가 건물을 뚫고 지나간다. 건물이 더이상 흐름과 독립적인 관계에 있지 않고 흐름과 하나가 되어 섞이는 것이다. 건물 상부에는 고가도로가 있고, 건물은 고가도로와 분리되지 않는다. 지하철과 건물도 하나로 연결된다. 교통을 중심으로 재편된 도쿄의 사례는 점점 더 복잡한 흐름들이 응고되어가는 현대도시를 대변한다고 할 수 있다.

싱가포르는 일본의 1960-70년대 아방가르드 건축인 메타볼리즘metabolism이 실현된 도시다.[34] 다양한 쇼핑몰로 이루어진 건물군이 연속적인 내부 공간을 구성하는 골든 마일 콤플렉스Golden mile complex가 그 대표적인 예다. 홍콩, 도쿄, 싱가포르의 공통점은 여름에 날씨가 무더워서 걸어 다니기가 어렵다는 것이다. 그래서 유럽 나라들처럼 광장 같은 외부 공간이 발달하지 않았고, 자동차도로나 연속적인 거대 내부 공간을 필요로 했다. 이런 이유로 이 도시들에서는 비장소나 정크 스페이스가 발달할 수밖에 없었다.

도쿄 시부야

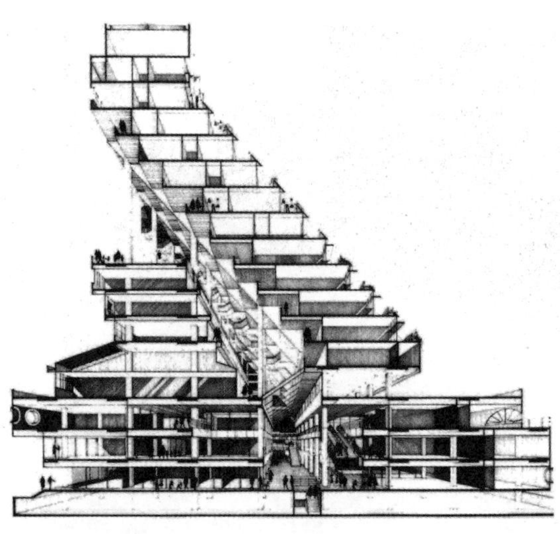

싱가포르, 골든 마일 콤플렉스(1973년 완공)

도시 하부 시설, 무의식, 과잉, 초과

우리가 살펴본 도시 하부 시설,[35] 즉 비장소, 정크 스페이스는 본질적으로 흐름의 부산물이나 잔여물로 볼 수 있다. 하지만 동시에 이런 공간들은 신체의 순환계처럼 흐름을 가능하게 하는 핵심 역할도 한다. 이 공간들은 기억되지 않고 무의미하게 생각되지만, 의미 있는 장소들의 작동을 떠받치고 있다는 점에서 무의식과 유사하다. 즉 장소가 의식, 비장소가 무의식과 같은 역할을 하는 것이다. 도시를 욕망과 자본의 흐름으로 볼 때 비장소나 정크 스페이스는 모더니즘의 의식의 틀로 잡아내지 못한 무의식으로서의 흐름을 표상한다고 할 수 있다.

현대에는 비장소에 대한 혐오와 열망이 공존한다. 우리는 아울렛, 프렌차이즈 식당을 정체성이 없다고 비난하지만 그런 장소에서 익명성의 안정감을 느끼기도 한다. 여행지에서 만나는 맥도날드는 어느 지점이나 항상 똑같다는 점에서 집과 같은 편안함을 준다. 우리 인간 안에는 대립되는 면들이 공존하고 있다.

자본주의 도시가 등장한 것은 물류와 자본의 흐름이 전 세계적 차원으로 확장되고, 과시욕, 호기심과 결합하면서다. 앞에서 보았듯이 우리가 사는 도시는 결국 자연의 무규정적인 힘을 통제하고, 무한을 유한 안에 재현하고 과시하려는 욕망의 결과물이다. 비장소와 정크 스페이스 역시 유한의 공간에 무한의 흐름을 담고 싶어하는 인간의 욕망을 대변한다. 도시의 많은 문제가 무한을 유한 안에 재현하려는 이런 욕망 때문에 발생한다고 할 수 있다. 정신분석에 따르면 우리의 정신에서도 무한을 유한 안에 재현하려는 과정에서 문제가 생기는데, 이때 항상 발생하는 것이 리비도의 과잉과 초과이다. 우리의 정신을 지배하는 언어의 질서 체계인 상징계와 상징계를 벗어난 무한한 에너지 자체인 실재 사이의 관계에서 발생하는 과잉과 초과가 수많은 정신 병리 현상을 만들어내는 것이다.[36] 그러면 다음 장에서는 도시와 정신 병리의 관계를 살펴보자.

4장 도시의 신경증과 정신병

현대도시는 신경증적인가? 정신병적인가?

자본주의의 이중 운동, 탈영토화/재영토화, 분열증/편집증

자본주의사회는 국가의 규범(코드)과 영토를 넘어서는 질서를 만들면서 형성되었다. 앞에서 보았듯이 왕족이나 귀족의 구체제 질서에 대항하는 신흥 부르주아 상업 계층이 등장하면서 기존 질서를 넘어서는 경제 질서가 만들어졌다. 새로운 경제 질서는 국가의 경계를 넘어서 교역의 네트워크를 구축했다. 자본주의의 영토는 식민지로까지 확대되었다. 탈코드화와 탈영토화가 흐름을 해방시키고 가속화했다. 자본주의는 탈영토화를 통해 발생하고 확장되었지만, 동시에 재영토화도 이루어졌다.

자본주의에는 한편으로 탈영토화에 의한 흐름의 과잉이 있고, 다른 한편으로 그 흐름을 축적하는 재영토화에 의한 흐름의 고착이 있다. 자본주의사회는 식민지를 개척해 자원의 생산지와 시장을 확장했지만 잉여가치를 재투자하지 않고 자본으로 축적했다. 즉 탈코드화하면서 영토를 넓히는 동시에 자신의 영토와 규범을 재구축한 것이다.[37] 들뢰즈는 이를 자본주의에 탈영토화와 재영토화가 공존한다는 말로 표현한다.[38] 즉 자본주의는 흐름을 탈영토화시킨 후에 다시 재영토화한다는 것이다. 그리고 재영토화한 억압된 흐름에서는 다시 탈영토화되는 흐름이 흘러나온다.[39] 이런 이중의 운동이 들뢰즈가 『안티 오이디푸스』에서 파악한 자본주의의 본성이다. 나아가 들뢰즈는 이 두 운동을 정신병의 대표적인 사례인 분열증과 편집증에 연결해서 설명한다. 들뢰즈는 탈영토화와 탈코드화의 운동을 분열증에, 재영토화와 초코드화의 운동을 편집증에 연결시킨다.

실재계/상징계/상상계

들뢰즈는 왜 분열증과 편집증이라는 정신병의 두 가지 사례로 자본주의를 분석했을까? 이 질문에 답하기 위해서는 우선 신경증과 정신병의 대조적인 성격을 살펴보아야 한다. 신경증과 정신병을 도식으로 간단히 설명하기 위해서 〈도식 11〉, 〈도식 12〉, 〈도식 13〉을 살펴보자. 먼저 〈도식 11〉에서 빨간색 타원은 최초의 상태, 무질서, 무규정의 혼돈 상태를 나타낸다. 라캉은 이것을 실재 또는 실재계le réel라고 부른다. 이는 억압 없이 무한한 쾌락을 즐기던 어린 아이의 상태다. 이 상태는 따뜻하지만, 마그마나 너무 강렬한 태양을 마주할 때처럼 고통과 쾌락이 공존한다. 라캉은 이 고통과 쾌락이 공존하는 강렬한 쾌락을 향락(주이상스jouissance)[40]이라고 부른다.

그다음 〈도식 12〉에서 파란색 타원은 마그마가 굳어져서 만

도식 11. 실재계

도식 12. 실재계, 상징계, 신경증

들어진 지각과 같은 것이다. 이것은 실재에 개입하는 어른들의 언어, 금지, 규범의 체계로, 라캉은 이를 상징계le symbolique라고 부른다. 상징계는 실재의 고통을 방어하면서 쾌락을 억제하는 질서의 체계이다. 사회의 규범을 따르는 대부분의 사람은 상징계(상징계가 개입한 상태)에 속해 있다. 우리가 일반적으로 정상이라 부르는 이 상태를 신경증이라고 한다.

그렇다면 상징계가 형성되지 않은 경우는 어떨까? 정신병자

도식 13. 실재계, 상상계, 편집증

가 그런 경우다. 정신병자는 태양이나 마그마 같은 실재계가 주는 강렬한 쾌락과 고통을 함께 경험한다. 상징계가 형성되지 않은 정신병자에게는 실재를 방어할 다른 방법이 있는데, 그것은 상상계다. 〈도식 13〉에서 연두색 타원은 상상계를 뜻한다. 상상계로 만든 정신병자의 일관된 망상은 실재를 방어하게 해주며, 이것이 편집증paranoia의 경우다. 한편 일관된 망상을 만드는 상상계조차 형성되지 못한 경우가 조현병schizophrenia이다. 편집증과 조현병은 대표적인 정신병이다.[41]

신경증 vs 정신병

신경증은 억압에 의해서 발생하고, 정신병은 오히려 억압이 없기 때문에 발생한다. 신경증이 댐으로 물을 가두고 조금씩 흘려보내는 것이라면, 정신병은 댐이 터져서 물이 쏟아지는 것과 같다.[42] 신경증에서는 리비도의 흐름이 법의 한계에 의해서 규정되지만, 정신병에서는 법의 한계 없이 무한정 흘러간다. 신경증은 사회와 공유하는 보편적인 환상을 가지고 있고, 정신병은 망상에 의해서 자기만의 세계를 구축한다. 예컨대 정신병의 한 종류인 편집증은 타인에 대한 망상에 사로잡힌다. 또 다른 종류인 조현병은 분열증이라고도 불리며 끝없이 분열되는 망상에 시달린다. 신경증이 금지와 부정에 의해서 작동하는 반면 정신병은 허용과 긍정에 의해서 작동한다. 신경증의 초자아는 금지하지만, 정신병의 초자아는 '즐겨라'라고 명령한다. 이 '즐겨라'라는 초자아의 명령은 쾌락을 느끼는 것을 금지보다 더 방해한다. 신경증과 정신병의 중요한 특징들을 비교하면 〈표 13〉과 같다. 흥미로운 사실은 신경증과 정신병의 대조적 특징들이 규율사회와 피로사회의 특징들과 일치한다는 점이다.

피로사회, 흐름, 성과 도시

앞에서 말한 20세기 피로사회를 대표하는 시설들(공항, 사무실, 쇼핑몰, 피트니스센터, 증권거래소, 은행 등)이 흐름과 관련된 시설들이라는 점은 의미심장하다. 푸코의 시대구분에서 근대의 에피스테메에 속하는 역사, 시간도 흐름과 연속성의 토대가 되는 특성들이며, 이후 현대의 에피스테메도 흐름으로 구성된다. 오늘날 피로사회의 핵심은 자본, 물류, 인구의 흐름을 정지 없이 흘려보내며 흐름을 과도하게 만드는 데 있다.

정신분석의 역학적 관점은 성적 에너지인 리비도의 흐름에 따라서 정신상태를 판단한다. 정신에는 리비도의 흐름을 억제하는

표 13. 신경증/정신병, 규율사회/피로사회

신경증	정신병
억압 repression	폐제 forclusion
금지	허용
주이상스가 신체 일부에 집중	주이상스가 신체 전체에 분포
부정	긍정
타자 있음	타자 없음
상징계가 중요	상징계가 확립되지 않음
실재계가 가끔 침투	실재계에 노출
상징계에 의해 상상계가 덧씌워짐	상상계가 덧씌워지지 않음
보편적 환상	개인적 망상
히스테리, 강박증	편집증, 분열증, 우울증
소외, 분리를 거침	소외, 분리를 거치지 않음
주체와 자아가 있음	자아는 있고 주체는 없음
규율사회	**피로사회**
억압 사회	성과사회
금지 사회	주이상스 사회
상징계에 의한 억압	자신에 의한 구속
예속 주체sub-ject	성과 주체pro-ject
법, 규율	허용, 자유
흐름의 억압	흐름의 허용

댐이 있는데, 리비도의 흐름을 과도하게 억제하면 신경증이 되고, 리비도를 과도하게 흘려보내면 정신병이 된다. 앞에서 보았듯이 정신병은 억제나 통제가 없어진 상태다. 라캉 정신분석의 용어로 설명하면 정신

병은 상징계가 약화되거나 제대로 작동하지 않아서 실재를 그대로 마주하고 있는 상태다. 규율사회가 신경증의 상태와 유사하다면, 피로사회는 정신병의 상태와 유사하다.[43] 성과 도시는 흐름과 연속성이 과도하게 두드러진 정신착란증의 과잉 도시다.[44]

규율사회/피로사회, 예속 주체/성과 주체

앞에서 설명했듯이 근대사회가 법과 규율을 강조하면서 금지에 의해 질서를 유지하는 규율사회였다면, 현대사회는 허용과 자유를 강조하지만 규율을 내재화시키면서 질서를 유지하는 성과사회, 피로사회다.[45] 규율사회에서는 흐름이 억압되고 규율 속에서 살게 되는데, 이것은 리비도의 흐름이 억압되고 상징계와 함께 살게 되는 신경증의 상태와 같다. 한편 성과사회, 피로사회에 해당하는 정신병의 상태에서는 상징계로 진입하지 못하기 때문에 실재를 그대로 마주하게 된다. 정신병의 상태에서 실재의 흐름 자체에 노출되는 것처럼 피로사회에서는 자본의 흐름 자체에 노출된다.

신경증자는 실재의 목소리를 내면의 목소리로만 생각하고 무시하지만, 정신병자는 그것을 실제로 들리는 목소리로 받아들인다. 신경증자는 실재의 응시를 자신이 느끼는 죄책감으로 생각하지만, 정신병자는 실제로 누군가의 감시가 있다고 생각한다. 신경증자는 환청이나 환각을 감각의 착오로 여기지만, 정신병자는 실제 모습과 소리로 받아들인다. 신경증자는 리비도가 몸의 일부에 집중되어 있는 반면 정신병자는 리비도가 온몸에 퍼져 있다.[46] 신경증의 초자아는 주체에 대한 억압을 형성하고, 정신병의 이상적 자아는 자아의 내부로 파고들면서 망상 내부에서 자기 구속을 실행한다.[47]

신경증 상태에서는 타자와의 관계가 주체를 형성하지만, 정신병자는 타자와의 관계 없이 자신의 망상 속에서 산다. 신경증적 규율사회에서는 상징계의 법이 주체를 억압하고 구속하지만, 정신병적 피로사회에서 주체는 자신의 망상 속에서 규율을 만들어 스스로를 구속한다. 이런 관점에서 한병철은 규율사회의 주체는 법에 예속된 예속 주체sub-ject, 피로사회의 주체는 프로젝트를 만드는 성과 주체pro-ject라고 말한다.[48] 성과 주체로서 현대인들 각자의 프로젝트는 그들 각자의 법의 역할을 한다.

분열증, 편집증, 리비도의 과잉 투여와 고착, 우울증

이런 특징들 때문에 들뢰즈는 자본주의가 신경증보다는 정신병에 해당한다고 보고, 자본주의에서 정신병의 대표적 사례인 분열증과 편집증이 동시에 나타난다고 분석한다. 앞에서 언급했듯이 그는 탈영토화와 탈코드화의 운동을 분열증에, 재영토화와 초코드화의 운동을 편집증에 연결시켰다. 정신병에는 신경증에 있는 법의 금지나 억압은 없지만, 망상에 의한 자기 구속이 있다.

신경증(히스테리, 강박증이 신경증에 속한다)에서는 리비도가 억압될 때 증상이 발생하는 반면, 정신병(분열증, 편집증)에서는 정신의 특정 지점에 리비도가 과도하게 투여되거나 고착될 때 증상이 생긴다. 리비도가 과도하게 억압되면 강박증이 되고, 리비도가 억압을 뚫고 나와 신체의 증상으로 표현되면 히스테리가 된다. 리비도가 자아에 과도하게 투여될 경우 나르시시즘이 되는데, 리비도가 대상에 투여되지 못하고 자아에 고착되는 우울증도 나르시시즘의 성격을 갖는다. 이처럼 리비도의 과잉이나 억압, 고착은 문제를 발생시킨다. 프로이트는 초기 정신분석에서 리비도의 흐름을 너무 과하지도 너무 모자라지도 않게 적절히 흘러가게 만드는 것을 중요한 치료 방법으로 생각했다. 그렇게 함으로써 증상 자체가 나타나지 않도록 하려던 것이다. 그러다가 "쾌락원칙을 넘어서" 죽음충동을 발견하면서 그는 증상을 새롭게 바라보기 시작했다. 후기 정신분석에서 라캉은 프로이트의 죽음충동과 증상에 대한 입장을 이어받는다. 후기 라캉에게 증상은 더이상 없애야 할 대상이 아니라 환대할 대상이고, 존재 그 자체이다.[49]

피로사회, 우울증, 소진 증후군, 자본의 순교자

한병철은 소진 증후군과 우울증mélancolie[50]을 현대사회를 지배하는 질환들로 들고 있다. 이런 질환들은 현대사회의 면역체계가 근대사회의 그것과 다르다는 것을 보여준다. 애도deuil는 리비도가 대상으로 전이되고 투사되도록 하여 자아에서 대상으로 향하는 리비도의 흐름을 만들어준다. 하지만 우울증의 상태에서는 리비도가 대상으로 투사되지 못하고, 나르시시즘적으로 자신에게 투사된 리비도가 고착되면서 주이상스가 고갈되어버린다. 소진 증후군 역시 자신에게 투여된 과도한 리비도에 의해서 주이상스가 고갈되어버리는 현상이다. 현대인에게 나타나는 이 대표적인 두 증상은 모두 흐름의 과잉이 만들어내는 정신병에 해당한다.

맹정현 역시 자본주의사회를 우울증으로 진단한다. 과잉생산은 타자의 욕망을 현재화시키지 못하고 대상을 찌꺼기 상태로 만드는 공황을 발생시키고, 이런 과잉 작용은 애도가 불가능한 우울증을 생성해낸다.[51] 프로이트는 우울증을 "죽음충동의 순수한 배양"이라고 말했다.[52] 우울증의 주체는 타자와 연관을 갖지 못하고 '자폐증적' 주이상스의 원환에 갇히게 된다. 자본이 감당해야 할 주이상스의 애도를 대신 감당하고 있는 현대인을 맹정현은 '자본의 순교자'라고 부른다.[53]

자본주의 도시, 과잉과 고착

신경증에서 흐름은 외부의 법에 의해서 통제되는 반면 정신병에서 흐름은 내부의 망상적 구속에 의해서 통제된다.[54] 앞에서 본 것처럼 들뢰즈는 분열증과 편집증이라는 정신병의 두 가지 사례로 자본주의를 분석한다. 들뢰즈가 말하는 분열증은 흐름이 과도하게 흘러가는 상태를, 편집증은 흐름이 고착되어 있는 상태를 가리킨다. 이러한 구분은 각각 자본주의의 시장 확장과 자본축적을 대변한다. 자본주의에는 대량생산 대량소비를 위한 물류와 자본의 과도한 흐름이 있고, 동시에 거기에서 발생하는 잉여가치를 축적하려는 움직임이 있다.

과도하게 흘러가는 것과 과도하게 고착되는 것, 이런 대조적 현상은 도시에서도 그대로 나타난다. 고속도로, 기차역, 공항, 쇼핑몰 같은 흐름을 담당하는 시설의 비율이 급격히 증가하는 동시에 그로부터 발생한 잉여가치가 축적된 사적 영역인 초고급 주택, 빌라, 아파트, 클럽하우스가 건설된다. 그런데 전자의 시설들은 누구나 접근해 소비를 즐길 수 있지만 후자에는 쉽게 접근할 수 없다. 즉 어디든 갈 수 있는 흐름의 과잉이 발생함과 동시에 흐름의 고착이 생긴다. 편집증적 장소의 나르시시즘적 리비도가 외부로 나오지 못하고 고착되는 것이다. 정신의학에서 고착된 리비도의 흐름을 흘러가게 하는 것이 중요하듯 도시에서도 이 고착된 흐름을 흘러가게 하는 것이 중요하다.

현대도시, 규율사회/피로사회의 혼재, 신경증/정신병의 혼재

현대도시에는 규율사회의 성격이 잔존하고 있다. 사실 넓게 보면 현대도시도 법과 규범이 존재하므로 기본적으로는 신경증적 체계에 속한다. 관공서, 학교, 병원, 공장은 국가적 차원에서 규율과 통제를 만드는 국가적 통제 시설이다. 미술관, 박물관, 동물원은 민족의 영토 확장을 과시하기 위한 민족학적 통제 시설이다. 이 두 종류의 시설들은 모두 신경증적 시설이라고 할 수 있다. 이와 대조적으로 자본주의의 흐름을 대표하는 은행, 증권거래소, 기차역, 공항, 쇼핑몰은 흐름을 가속화하는 정신병적 시설이라고 말할 수 있다. 현대도시는 신경증적 체계와 정신병적 체계가 혼재되어 있다. 현대도시에는 신경증에 의해 만들어진 수로(홈파인 공간)가 있고, 정신병적 흐름이 과도한 속도로 흘러가면서 그것을 매끄러운 공간처럼 보이게 한다.

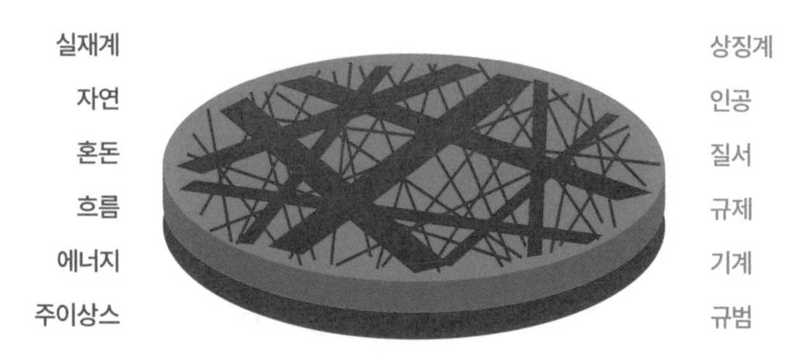

도식 14. 현대 자본주의사회의 신경증(상징계)과 정신병(실재계) 양상

이것을 정리하면 〈도식 14〉와 같다. 전체적으로 볼 때 현대도시는 여전히 상징계가 지배하는 신경증의 체계지만, 그 안에서 과도한 흐름과 고착에 의한 정신병적 양상을 드러낸다.[55] 현대도시는 분열하는 정신병적 성격이 확산되지만 여전히 신경증의 통제적 성격을 갖는다. 정신병에서 리비도의 과도한 투여와 고착이 공존하듯이 신자유주의 도시에도 과도한 흐름과 축적이 공존한다. 그리고 흐름의 정신병적 체계가 신경증적 체계 내부로 파고 들어가서 순환하는 양상이 나타난다. "모든 것이 쇼핑이 된다"는 콜하스의 묘사는 정신병적 흐름이 도시 전체에 확산되는 현실을 지적한다. 교회도, 관공서도, 학교도, 병원도 쇼핑몰처럼 바뀌고 있다. 모든 견고한 것이 녹아내릴 것이라는 맑스의 예언이 도시에서 실현되는 것이다.

5장 자본주의와 정신분석은 공모 관계에 있는가?

『안티 오이디푸스』, 생명 관리 정치

자유, 투명성, 68혁명, 2008년 한국

1968년 유럽을 휩쓴 문화운동은 권위적이고 관료적인 체계나 통제 기관에 대항하여 자유를 강조했다. "보도블록 아래 해변이Sous la pavé, la plage"라는 68혁명의 구호는 억압과 통제 아래 꿈틀거리는 무제한적 욕망과 자유를 나타낸다. "금지하는 것을 금지한다"는 구호도 규율사회에서 벗어나고자 하는 당시의 분위기를 보여준다. 68혁명은 모든 억압이 사라지는 자유의 시대가 도래하기를 열망했다. 이후 1989년 베를린장벽이 무너지고, 구소련과 공산권이 붕괴하면서 사상 검열과 통제가 사라졌다. 정치, 종교, 교육의 권위가 점점 약해지고, 모든 견고한 것이 녹아내렸다. 어쩌면 자유와 투명성이라는 가치가 실현된 것처럼 보였다.

그런데 68혁명 이전에 규제와 규칙이 우리를 억압했다면, 이후 성립된 신자유주의 체제에서는 오히려 무제한적인 자유가 우리를 소진

시키게 되었다. 자유라는 개념의 가치가 1968년 전후로 전도된 것이다. 1968년 이전의 자유가 통제에 대항하는 자유였던 반면, 1968년 이후의 자유는 통제가 내재화된 자유이다.

유럽의 68혁명은 한국의 2008년 광우병 촛불집회와 비교되기도 한다. 시민들의 요구가 정치만이 아닌 문화적인 측면으로도 확대되었고, 특정 계층에 국한되지 않고 사회 전반이 참여하는 변화가 일어났기 때문이다. 이 유럽의 1968년, 한국의 2008년은 각 사회가 자본주의에서 신자유주의로, 규율사회에서 성과사회로 전환된 기점과도 거의 일치한다.

들뢰즈와 과타리, 『안티 오이디푸스』

들뢰즈와 과타리의 『안티 오이디푸스』는 68혁명의 정신을 철학적으로 가장 잘 구현한 책으로 꼽힌다. 이 책에서 들뢰즈와 과타리는 자본주의를 편집증과 분열증의 성격이 공존하는 체제로 설명한다. 앞에서 보았듯이 자본주의는 전제군주제의 규칙(코드)을 탈코드화하고 흐름을 탈영토화한다. 이렇게 보면 자본주의는 끊임없는 흐름만이 존재하는 체제 같지만, 여기에서 그치지 않고 자본주의는 탈영토화한 흐름을 다시 재영토화한다. 자본주의는 오이디푸스 콤플렉스를 내재화하여 감시와 억압을 내부에 둔다. 규율사회에서는 초자아를 외부에 있는 국가, 경찰, 관료가 담당했다면, 피로사회에서는 초자아가 내면으로 들어와서 자신을 스스로 감시하는 것이다.

광인의 관리, 욕망을 관리하는 정치

들뢰즈와 과타리는 정신분석의 탄생이 자본주의와 연관성을 갖는다고 주장한다. 푸코에 따르면 인류가 광기를 다루는 태도는 시대에 따라서 변화했는데, 중세에는 히스테리 증세를 보이는 사람을 마녀라고 판단했고 광기는 악마의 산물이라고 생각했다. 17-18세기 계몽주의 시대에 들어서 미친 사람, 즉 광인이라고 생각되는 사람은 감금되었다. 이는 이성과 비이성을 분리하고 격리하는 방법이었다.

욕망이나 무의식을 관리하는 것은 정치의 중요한 요소였고, 정신병원은 통제의 방식 중 하나였다. 19세기에는 정신의학의 개념이 생겨나 광기를 정신에 문제가 있는 것으로 정의했다. 샤르코는 최면요법을 사용해서 이를 치료하려 노력했다. 프로이트의 혁신적인 측면은 광인이라고 생각되는 사람들의 말을 듣기 시작했다는 점이다. 그는 언어 속에 정신이 드러나 있을 것이라고 생각했고, 언어를 통해서 정신의 구조를 알 수 있고 치료할 수 있다고 보았다.

19세기 빈, 히스테리, 정신분석

정신의학은 19세기 빈에서 생겨났다. 이는 당시에 히스테리 환자가 유난히 많이 발생한 것과 연관이 있다. 히스테리는 무의식이 억압을 뚫고 나오면서 마비, 실어증, 구토, 거식증 등의 신체의 증상으로 나타나는 것을 말한다. 히스테리는 억압이 심할수록 생기기 쉬

도식 15. 강박증

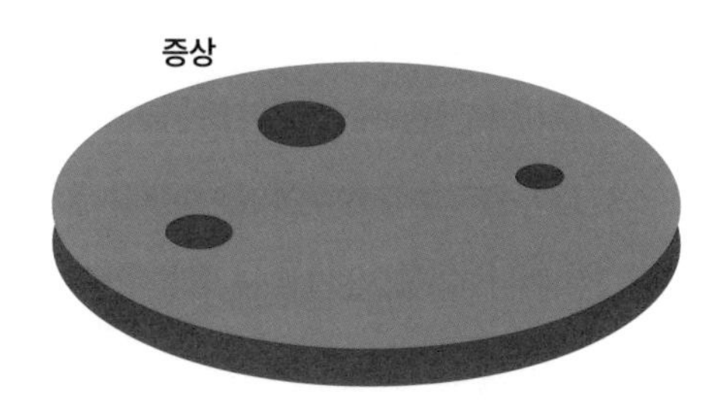

도식 16. 히스테리, 증상

운 증상이기에 가부장적이고 권위적인 체계 아래 억압을 받는 여자들에게서 더 많이 발병한다. 가부장적 시집살이 때문에 생기는 히스테리가 그런 예다. 반대로 남자들은 가부장적 법의 질서에 순응하고 집착하는 강박증에 걸리는 경향을 보인다. 강박증과 히스테리는 〈도식 15〉, 〈도식 16〉과 같이 나타낼 수 있다. 강박증은 질서 체계인 상징계가 견고해서 실재가 빠져나오지 못하는 것이고, 히스테리는 그 견고한 상징계를 뚫고 증상의 형태로 실재가 분출하는 것이다.

오스트리아 합스부르크 왕조시대에는 가부장적이고 권위적인 권력의 억압이 심각했지만 이미 권위에 균열이 생겨서 그 균열을 뚫고 나온 히스테리 증상들이 주목을 받기 시작했다. 프로이트는 이런 히스테리 증상들을 통해 무의식의 존재를 탐구할 수 있었다. 즉 정신분석의 탄생은 합스부르크의 권력과 가부장적 권위의 균열에서 비롯된 것이다.

정신분석과 자본주의, 사적 재산, 사적 무의식, 죄책감

들뢰즈와 과타리는 정신분석의 탄생이 권위적 사회체제가 빚어낸 히스테리의 연구에서 시작되었다는 점에 주목한다. 프로이트 정신분석에 따르면 정신 질환의 기원은 가족 관계에 있다. 특히 아버지, 어머니, 아이가 형성하는 오이디푸스콤플렉스가 중요한 역할을 한다. 들뢰즈와 과타리는 욕망의 사회적 생산을 욕망의 사적 생산으로 전환시키는 것이 오이디푸스콤플렉스의 역할이라고 보며, 이 점에서 자본주의와 정신분석이 동형 관계, 공모 관계에 있다고 주장한다. 자본주의는 사회적, 집단적 재산을 사적 재산으로 분할하면서 발생한 체제이다. 사회적, 집단적 생산력을 사적으로 분할하면서 자본주의의 교환과 축적이 가능해진 것이다. 정신분석도 사회적이고 집단적인 무의식을 사적 무의식으로 전환하면서 탄생했다.

들뢰즈와 과타리는 자본주의에서 억압과 통제가 개인에게 내면화된다는 점에 집중해 통제가 죄책감의 형태로 내면화된 자본주의사회를 정신분석의 가족적 통제와 연결시킨다. 들뢰즈와 과타리는 신경증의 원인이자 상징계로 돌입하게 만드는 오이디푸스콤플렉스가 자본주의와 공모해서 시스템의 억압을 발생시킨다고 본다.

지역이나 사회에 따라 편차가 있지만, 시대별 사회상과 정신 병리를 다음과 같이 거칠게 나눠볼 수 있다. 19세기 이전은 가부장의 권위가 막강했던 강박증의 시대로 볼 수 있다. 그 와중에도 히스테리 증상이 종종 빠져나왔고, 종교, 정치, 가정에서의 권위는 그런 사람을 마녀나 광인으로 취급했다. 19세기 말부터 가부장의 권위에 균열이 생기면서 히스테리 증상이 많이 발생하고 주목받기 시작했다. 20세기 초중반에는 가부장의 권위가 점점 몰락해가면서 도착증적 증상이 나타난다. 20세기 후반은 신자유주의 시대로 가부장의 권위나 법의 가시적 지배가 뒤로 물러나면서 정신병적 증상이 우위를 차지한다.

20세기 정신의학, 뇌과학, 약물 치료, 생명 관리 정치

들뢰즈가 자본주의의 통제를 정신분석과 연결하듯 자기통제와 자기 착취의 신자유주의 사회를 뇌과학이나 약학 중심의 정신의학과 연결 지을 수 있다. 20세기 과학의 시대로 진입하면서 정신의학은 뇌과학이나 약학과 결합되었다. 뇌의 전두엽을 외과수술로 절제해서 우울증을 치료하는 뇌엽절제술lobotomy이 행해지기도 했다. 현재 이 방법은 금지되었지만 뇌의 각 부분이 감정과 어떤 연관성을 갖는지를 규명하는 뇌과학은 활발하게 연구되고 있다. 오늘날 정신과에서는 정신 질환을 언어보다는 약물로 치료하는 방법을 선호하는데, 약물은 뇌의 호르몬에 직접적으로 영향을 준다.

이런 양상은 실증적인 방법을 선호하는 현대의 사회적 분위기를 반영한다. 약물 위주의 정신의학에서는 무엇보다 증상을 잠재우는 것에 집중한다. 정신 질환을 갖가지 비정상적disorder 증상으로 분류하고 그에 맞추어 약물을 투여한다. 약물은 증상을 진정시킬 수 있지만, 호르몬이 이상 현상을 일으키는 정신 질환의 근본 원인을 밝혀내지는 못한다. 이는 근본적인 문제를 찾아내기보다는 균열을 봉합해서 다시 사회의 일원으로 작동하게 하려는 성과사회의 주체 관리 방식이라고 볼 수 있다.

푸코는 기본적으로 역사에서 광기를 관리하는 방법이 그 시대의 에피스테메를 반영한다고 보았다. 광기의 증상을 비정상적인 균열로 파악하고 다시 매끈한 공간으로 봉합하려는 현대 정신의학은 균열이나 공백 없는 자본의 연속적인 흐름을 만들어내려는 성과사회의 모습과 연결된다. 즉 현대사회의 에피스테메는 타자로서의 무의식과 광기를 제거하여 신자유주의 사회에서 항상 원활하게 작동해야 하는 성과 주체의 정신을 관리하려는 생명 관리 정치인 것이다.

신자유주의 이후의 자유

68혁명과 2008년 촛불집회는 억압과 통제에서 벗어나 자유를 얻기 위한 운동이었다. 하지만 신자유주의는 바로 그 자유를 새로운 에너지원으로 포섭했다. 매끈하게 연결된 전 세계의 자본주의에서 투명함, 경계 없음, 타자 없음은 새로운 시대정신이 되었다. 자유라는 가치의 '무엇이든 할 수 있음'은 다시 개인을 가두는 감옥이 되었다. 타자와 광기는 공백 없는 매끈한 공간 바깥으로 추방되었다. 이 상황에서 과연 어떻게 벗어날 수 있을까? 철학자들은 어떤 대안을 제시하고 있을까?

3부 물질대사와 자본주의

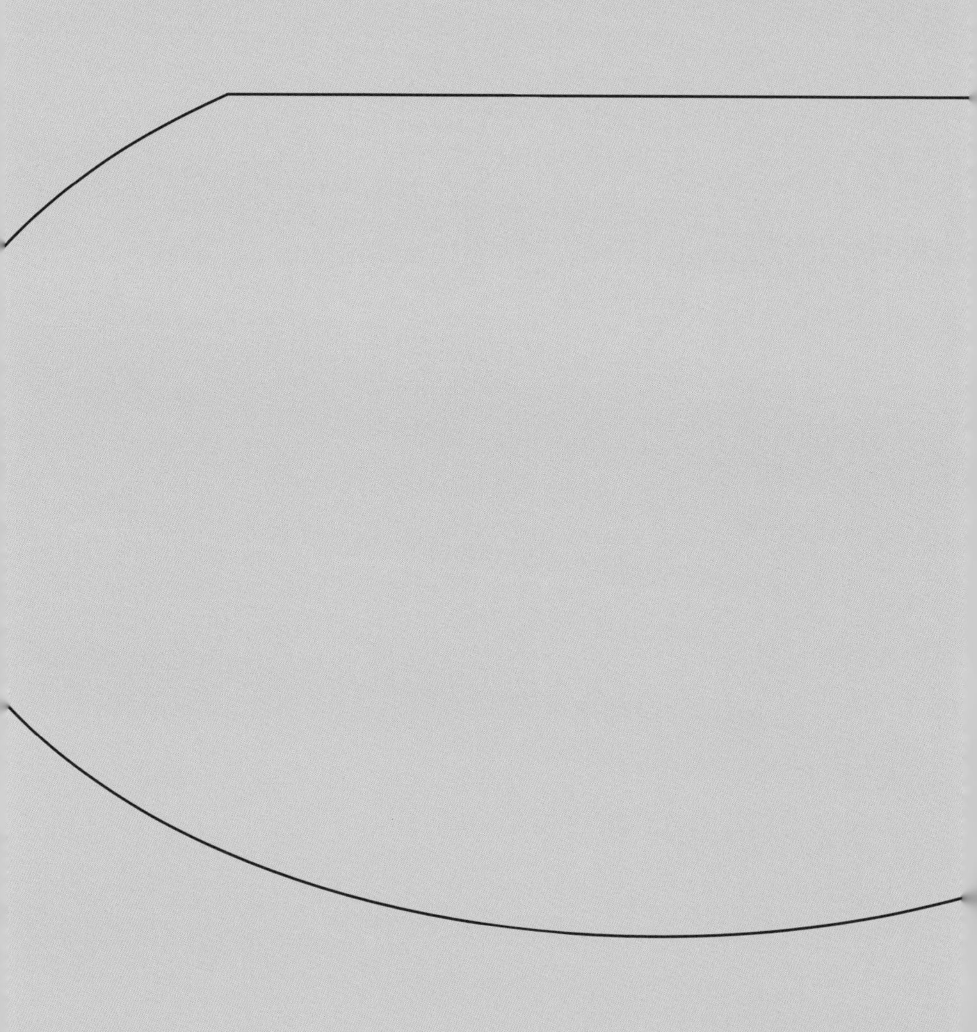

City as Excess

1장 좀비 영화는 왜 인기가 있을까?

영화에서 타자의 존재론, 외계인, 에일리언, 좀비

좀비 영화가 인기다. 좀비 영화의 아버지라 불리는 조지 로메로가 최초의 좀비 영화 〈살아 있는 시체들의 밤〉(1968)을 만든 지는 벌써 60년이 지났지만, 본격적으로 좀비 영화가 대중에게 사랑받기 시작한 것은 더 최근이다. 할리우드에서는 〈레지던트 이블〉 시리즈와 〈28일 후〉, 〈월드워Z〉 같은 영화들이 나왔다. 우리나라에서는 〈부산행〉 이후 K-좀비의 열풍이 불면서 〈킹덤〉, 〈살아 있다〉 같은 많은 드라마와 영화가 뒤를 잇고 있다. 왜 최근에 좀비 영화가 인기인 것일까? 그 해답을 영화에서 타자를 인식하는 방식에서 찾아볼 수 있다.

영화 속 타자 유형, 외계인, 에일리언, 좀비

영화 속 타자는 어떻게 나타날까? 영화 속 타자는 인디언 선주민, 살인 총잡이, 연쇄살인마, 살인 기계처럼 매우 다양하다. 한때는 외계인이 중요한 타자였다. 외계인은 '나'와는 완전히 구별되는 타자의 유형이다. 그 시작은 조지 웰스의 소설 『우주 전쟁』(1898)으로 꼽히는데, 1938년 이 작품이 라디오 드라마로 방송되었을 때 사람들은 실제로 외계인이 침공한 것으로 착각했을 만큼 충격을 받았다고 한다. 제2차 세계대전 이후로 외계인은 많은 SF 영화에 등장한다. 첫 번째 타자의 유형인 이 적대적 외계인은 냉전 사회의 타자 인식을 보여준다. 나와 타자는 완전히 다른 존재이고 섞일 수 없다. 대부분의 서부영화의 인디언 선주민도 이런 타자 유형에 속한다.

두 번째 타자의 유형은 '에일리언'이다. 첫 번째 타자의 유형이 밖에서부터 침략하는 외계인이라면, 에일리언은 내 몸속에 알을 낳고 몸속에서 자라다가 튀어나온다. 이 경우에 나와 타자의 경계가 애매하다. 에일리언은 내 안에 있는 나 이상의 어떤 것이기 때문이다. 1979년 개봉한 영화 〈에일리언〉 1편은 인간을 숙주로 삼고 인간 안에서 나오는 에일리언의 모습을 처음 보여주었다. 타자가 나를 통해 나온다는 점에서 적대적 관계는 모호해진다. 하지만 내가 에일리언이 되는 것은 아니고, 타자가 살기 위해서는 결국 내가 죽어야 하기 때문에 타자와 나의 경계가 허물어졌다고 보기는 어렵다.[1] 이 두 번째 타자의 유형은 내 안에서 타자가 성장할 수 있는 불안한 상태를 표현한다.[2] 이중 스파이를 소재로 하는 영화도 타자와의 관계에 있어서 이 유형에 해당한다.

세 번째 타자의 유형이 좀비다. 좀비가 나를 물면 나는 좀비가 된다. 그리고 우리 중 누구라도 좀비가 될 수 있다. 좀비 영화에서 나와 이웃 모두는 잠재적 타자다. 타자와 나의 경계가 허물어지는

외계인, 에일리언, 좀비

것이다. 뱀파이어도 좀비처럼 감염을 통해서 번식한다. 하지만 뱀파이어의 경우는 혈통과 종족에 대한 개념이 있어서 타자성이 유지된다. 반면 좀비는 특별한 능력도 없고 종족의 차별성도 없다.[3] 좀비는 타자와 나의 경계가 사라진 상태를 표현한다. 적대적 관계로서의 타자가 존재하긴 하지만, 더이상 나와 타자를 명확히 구별하기가 어렵다. 영화는 현실 사회를 반영한다. 이런 영화 속 타자의 모습은 바로 우리 사회의 타자의 모습이다.

규율사회-외계인, 피로사회-좀비

타자와 나의 경계가 사라졌다는 것은 무슨 뜻일까? 한병철은 이를 규율사회, 피로사회와 연관 지어 설명한다. 규율사회는 부정성으로 규정되며, '하지 말라'라는 금지와 통제가 주된 명령을 이룬다. 한편 피로사회는 긍정성으로 규정되고, '그냥 하라'라는 허용이 주된 명령이다. 규율사회에서 법에 대항하는 인간 주체는 타자와 맞서지만, 피로사회에서 주체는 맞설 타자 없이 각자의 성과에 의해서 평가된다. 즉 규율사회는 19세기부터 냉전 시대까지의 모습이고, 피로사회는 공산권 붕괴 이후 신자유주의 시대의 모습이다. 1989년 베를린장벽이 무너지고 냉전 체제가 해체되자 자본주의가 전 세계를 뒤덮었고, 다른 체제에 대한 공포, 적대감, 신비감은 사라졌다. 이제 영화에서 타자는 더이상 적대적인 외계인의 모습이 아니라 나의 이웃일 수도 있고 나 자신일 수도 있는 좀비의 모습으로 나타난다. 좀비는 이데올로기의 대립이 사라지고 자본에 의해 매끄러워진 세계에 사는 사람들을 표현한다. 이 세계에서는 나와 대립되는 타자의 존재를 찾기가 어렵고, 나와 타자의 경계가 흐려진다.

들뢰즈는 "현대의 유일한 신화는 좀비 신화"이고,[4] "이 살아 있는 죽은 자undead의 신화는 노동의 신화이지 전쟁의 신화가 아니다"[5] 라고 말한다. 좀비는 대립하는 타자와 주체적으로 전투를 벌이지 않는다. 좀비가 묘사하는 것은 죽었는지 살아 있는지 알 수 없는 상태로 끊임없이 노동을 하는 현대 성과 주체의 모습이다. 이것이 오늘날 좀비 영화가 유행하는 원인이다. 힘없이 천천히 걸어다니는 초창기의 좀비는 무기력한 초기자본주의의 주체를 나타내고, 엄청난 속도로 달리는 최근의 좀비는 후기자본주의 성과사회의 주체를 상징한다. 무한 증식하는 좀비는 자본의 모습과도 유사하고 자본주의의 주체의 모습과도 유사하다. 지구가 좀비에 의해 점령된 모습은 자본이 지구를 뒤덮은 모습과도 같다. 좀비는 이념, 신분, 국가를 넘어선다. 신자유주의 시대에는 타자, 바깥, 경계가 존재하지 않는다. 좀비 영화는 이러한 타자, 바깥, 경계가 사라진 시대에 대한 은유이다. 타자나 미지의 영역이 더이상 없는 신자유주의 시대의 타자가 아닌 타자, 그것이 바로 좀비인 것이다.

규율사회-탐정소설, 피로사회-좀비 영화

발터 벤야민은 근대를 규정하는 대표적인 요소로 탐정소설을 꼽는다. 그는 탐정소설이 대도시의 군중 속에서 개인의 흔적이 말소되는 모습을 보여준다고 말한다.[6] 동질적 군중의 지루함을 피하기 위해서 탐정소설은 대담한 범인을 제시하고 그를 추적하는 탐정의 활약을 묘사한다. 벤야민은 군중 속에 섞여 있는 범죄자에 대한 불안을 다루는 탐정소설이 밝은 전망을 가진다고 평가한다.

앞서 설명한 신경증과 정신병의 특징을 적용해보면 상징계에 뚫린 범죄자라는 구멍을 둘러싸고 이야기가 전개된다는 점에서 탐정소설은 신경증적이다. 탐정소설의 범인은 규율사회에서 빠져나온 히스테리적 주체의 모습을 나타낸다. 한편 좀비는 정신병적 주체이다. 현대 피로사회의 좀비 영화는 끊임없는 전염이라는 과도한 흐름에 따른 정신병적 성격을 갖는다. 즉 탐정소설에서는 타자의 개념이 명확하지만, 좀비 영화는 타자가 순식간에 내가 될 수도 있는 불명확한 상태를 그려낸다.

표 14. 탐정소설과 좀비 영화

탐정소설	좀비 영화
신경증적	정신병적
히스테리적 주체	정신병적 주체
근대 규율사회	현대 피로사회

<X-파일>, <신세기 에반게리온>: 과도기적 타자

90년대 말에 유행한 드라마 〈X-파일〉에서는 타자의 존재가 항상 ‘저 너머’에 존재한다. 이는 냉전 시대에 명확히 존재했던 적대적 타자가 사라진, 타자의 존재가 불확실한 시대를 표현한다. 타자인 초자

<신세기 에반게리온>

연적 존재들은 어디에 있는지, 어떤 목적을 갖고 있는지 알 수 없다. 드라마에 자주 등장하는 '아무도 믿지 말라'라는 말은 타자가 희미해진 현실을 반영하고 있다. '진실은 저 너머에'라는 말은 바깥을 설정하고 있는데, 이를 통해 〈X-파일〉에 모호하긴 해도 여전히 타자성의 존재가 남아 있음을 알 수 있다. 이 드라마는 후반부에서 타자

의 존재나 목적을 명확하게 드러냈는데, 그러자 시청자들의 흥미가 급격하게 떨어졌다. 〈X-파일〉이 방영된 시대는 명확한 타자성이 사라져간 시대이기 때문이다.

90년대 말에 대량의 마니아를 양산한 애니메이션 〈신세기 에반게리온〉에서도 타자의 존재가 모호하다. '사도'가 도시를 공격하지만 어디에서 오는지 왜 공격을 하는지 정확히 알 수 없다. 주인공 이카리 신지는 왜 싸워야 하는지 항상 의심한다. 도시를 방어하는 기관인 '네르프'조차 주인공의 아군인지 적인지 애매하다. 과거 애니메이션 주인공들이 사명감과 정의감을 가지고 로봇에 탔다면, 〈신세기 에반게리온〉의 인물들이 에반게리온을 타는 이유는 대타자인 아버지나 어머니에게 인정받기 위해서이다. 이들은 성과사회의 주체와 매우 닮았다.

〈X-파일〉과 〈신세기 에반게리온〉은 둘 다 선과 악의 경계가 불명확하고 타자의 존재가 불확실하다는 공통점을 가지고 있다. 두 작품은 모두 이데올로기가 붕괴하고 타자성이 사라져가는 과도기적 시대의 모습을 나타내고 있다. 근래에 개봉한 〈에반게리온 신극장판〉은 여전히 흥미로운 지점이 많지만 타자를 보는 관점과 결부되어 90년대 말 동시대인에게 주었던 강렬한 인상을 재현하지는 못했다.[7]

모든 견고한 것이 녹아내린다, 경계, 아우라, 거리감, 유토피아

앞에서 언급했듯이 맑스는 자본 안에서 모든 견고한 것이 녹아내릴 것이라고 예언했고, 100년 후에 이 예언은 완전히 실현됐다.

물질과 타협할 수 없는 것들로 여겨졌던 품위, 학문, 신념은 돈 앞에서 무릎을 꿇었다. 이제는 정의를 위해서 싸우는 스파이더맨도 생계를 걱정해야 한다.[8] 자본주의는 모든 규범을 해체하고 재조직했다. 자본주의에서 인정받지 못한 학문은 설 자리를 잃고, 교수는 연구비 때문에 연구를 중단한다. 연예인이 방송에서 출연료를 이야기하는 것이 세속적으로 생각되지 않는다. 교회는 일종의 사업이 되어버렸다. 나아가 자본은 모든 경계를 허물었다. 미국에서 아주 먼 오지에서도 코카콜라를 사 마신다. 여행 패키지로 가지 못하는 나라가 없다. 러시아에 가서 이데올로기의 상징인 붉은 광장에서 셀카를 찍고 인스타그램에 업로드한다.

어디든지 갈 수 있고 모든 정보가 통하는 환경에서는 아우라가 있을 곳이 없다. 아우라는 거리감에서부터 발생한다. 너무 친근한 사람에게 아우라를 느끼기는 어렵다. 그래서 예수그리스도는 고향에서 환영받지 못했다. 반면 신성한 장소는 접근하기가 어렵다. 신성한 장소라서 접근하기 어려운 것이 아니다. 접근하기 어렵기 때문에 신성한 장소가 되는 것이다. 냉전 시대에 사회주의에서는 자본주의를 동경하고 자본주의에서는 사회주의를 동경했다. 좋은 곳이든 사실상 그렇지 않든 가지 못하는 곳이 있다는 점에 저 너머의 다른 세계를 상상할 수 있는 여지가 있었다. 오늘날은 더이상 유토피아에 대해서 이야기하지 않는다. 모르는 세계에 대한 동경이 없기 때문이다. 냉전 시대는 타자와 공백이 존재하는 시대였지만, 신자유주의 시대에 그런 공백은 없다. 그것이 신자유주의 시대에 아우라나 유토피아를 말하지 않는 이유이다. 신자유주의 시대에 타자나 미지의 영역은 더이

모스크바 붉은 광장, 냉전시대와 신자유주의 시대

상 없다. 공산권도, 외계인도 없다. 타자가 아닌 타자, 그것이 바로 좀비다.

이에 대해 한병철은 신자유주의 시대 이후 가치가 이념적인 것에서 수행적인operational 것으로 전환됐다고 설명한다. 또한 한병철은 알랭 에렝베르가 자본주의의 우울증이 경계 없음과 연관되어 있다는 것을 지적한다고 말한다.[9] 이렇게 타자와 경계가 사라지는 것은 현대사회의 중요한 특징이다. 타자도 유토피아도 사라진 매끄러운 세계에서는 나 자신이 바로 잠재적 타자이다.

2장 자본주의 도시의 흐름과 분열증

들뢰즈, 바디우, 흐름, 공백, <멈춤 없는 도시>, <벌거벗은 도시>

신자유주의, 매끄러운 공간의 양가성

이데올로기가 대립하는 냉전 시대가 끝나고 전 세계의 자본주의화가 이루어지자 이데올로기는 모두 녹아내리고 자본의 질서 안에서 매끄러워졌다. 기존에 자본의 영역이 아닌 가치들로 생각되었던 정치, 종교, 학문, 사랑도 상품화되고 가격이 매겨져 거래되고 있다. 모든 영역이 경계 없는 매끄러운 공간이 된 것이다. 앞서 정리했듯이 매끄러운 공간은 두 가지의 의미를 갖는다. 한편으로는 무한한 잠재성의 공간이고, 다른 한편으로는 엄청나게 많은 줄이 촘촘하게 그어진 공간이다. 전자는 라캉의 실재, 들뢰즈의 기관 없는 신체처럼 무규정적 공간을 뜻하고, 후자는 통제가 내재화되어버린 신자유주의의 피로사회를 뜻한다. 이렇게 매끄러워져버린 신자유주의 사회에 어떤 대안이 있을 수 있을까? 철학자들은 어떤 대안을 제시하고 있을까?

들뢰즈, 신경증, 분열증, 편집증

앞에서 설명했듯이 현대사회에는 기이하게도 신경증적 특성과 정신병적 특성이 공존하고 있다. 흐름의 과잉, 과다한 주이상스, 타자 없음, 긍정성은 정신병의 구조와 매우 유사하다. 여기에 억압, 금지, 환상, 부정성 같은 신경증의 구조도 공존한다. 오늘날 피로사회는 신경증적 체계를 이루지만, 그 안에서 사람들은 과도한 흐름에 의한 정신병적 증상을 느낀다. 신자유주의적 자본주의는 촘촘하게 수로화된 상징계의 모습을 하고 있지만 그 안의 사람들은 과도한 잉여 주이상스의 흐름에 노출된다. 자본주의에는 정신병에서 보이는 리비도의 지나친 흐름이 있기 때문에 과도한 주이상스의 쾌락이 생기는 것이다. 박규태는 이런 현대사회를 '주이상스 사회'라고 말한다.[10] 자본주의 도시들에 실재에서 느껴지는 아찔함이 있는 것도 이 과도한 흐름에 의해서다. 들뢰즈는 이러한 자본주의의 정신병적 특성을 분열증과 편집증의 공존으로 설명했다. 자본주의는 흐름을 탈영토화하고 탈코드화하면서(분열증) 동시에 그것을 다시 공리계axiomatique 안에 포획한다는 것이다(편집증).

들뢰즈는 자본주의의 분열증적 성격을 긍정적으로 보았다. 들뢰즈에게 비판의 대상은 탈영토화되는 분열증적 흐름이 아니라 그 흐름을 곧장 공리계로 재영토화하는 편집증적 성격이다. 다시 말해 들뢰즈는 자본주의가 흐름을 탈영토화, 탈코드화한 것은 긍정적으로 보고, 흐름을 재영토화, 초코드화한 것은 부정적으로 보면서 자본주의의 문제점이 재영토화, 초코드화에 의한 과잉 축적에 있다고 진단한 것이다.

들뢰즈의 대안으로서의 분열증, 절대적 탈영토화, 탈주선, 바타유

들뢰즈는 『안티 오이디푸스』와 『천 개의 고원』에서 신경증적인 과도한 통제와 편집증적인 재영토화에서 벗어나 분열증의 상태로 갈 것을 자본주의의 대안으로 제시한다. 이 상태는 다시 포획되지 않는 절대적 분열증, 절대적 탈영토화를 말한다. 신경증은 법과 규율의 질서 체계에 속하는 반면 정신병은 통제받지 않는 흐름 자체에 가깝다. 앞에서 보았듯이 편집증, 분열증이 정신병에 속하며 편집증이 흐름이 고착된 상태라면 분열증은 흐름이 과도하게 흘러가는 상태이다. 들뢰즈가 제안하는 분열증은 신경증의 통제에서도 편집증의 재영토화로부터도 벗어나서 흐름 자체로 나아가는 방법이다.

앞서 언급했듯이 라캉은 질서가 생기기 이전의 흐름 그 자체의 상태를 실재라고 불렀다. 실재는 강렬한 힘과 무한한 에너지의 상태지만, 유기체의 질서가 생기기 이전의 상태이기 때문에 열반의 상태, 죽음의 상태에 비유된다. 그래서 프로이트는 실재로 가려는 충동을 죽음충동이라고 불렀다. 여기서 들뢰즈가 제안하는 방안은 신경증의 통제를 넘어서 실재에 근접하는 길, 즉 죽음충동의 방향이다. 들뢰즈는 분열증자로서 앙토냉 아르토, 사무엘 베케트, 제임스 조이스 같은 예술가들을 예시로 들며, 조이스처럼 보편적 환상(고정관념)에서 벗어나서 각자의 환상 속에서 살기를 권유한다.

그가 『안티 오이디푸스』에서 말한 분열증 개념은 『천 개의 고

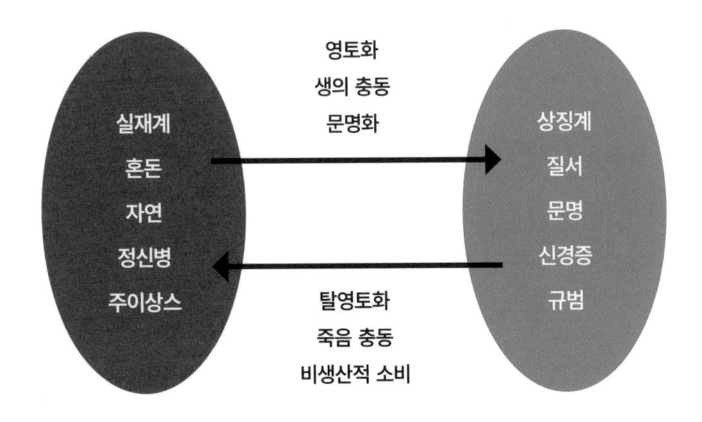

도식 17. 신경증, 정신병, 생의 충동, 죽음충동, 비생산적 소비

원』에서 제시한 탈주선이나 절대적 탈영토화 개념과 일맥상통한다. 들뢰즈는 재영토화되지 말고, 절대적 탈영토화를 행하고, 탈주선을 따라서 도주하고, 분열증자가 되라고 이야기한다. 들뢰즈가 대안으로 제시하는 분열증은 수로화된 흐름이 아니라 경로에서 벗어나는 흐름, 즉 에피쿠로스의 클리나멘clinamen이나 실재에 가까운 흐름이라고 할 수 있다. 들뢰즈의 제안은 다음 장에서 설명할 프랑스 철학자 조르주 바타유의 '비생산적 소비'와도 연관된다. 바타유는 축적과 대립하는 비생산적 소비, 증여를 강조하면서 과도한 에너지의 축적을 해소해야 한다고 주장했다. 이는 들뢰즈가 리비도의 과도한 흐름이 고착되지 않도록 흘러가게 해야 한다고 말한 것과 유사하다.

바디우, 공백, 사건, 증상, 진리

또 다른 프랑스 철학자 알랭 바디우는 자본주의의 흐름에 공백을 도입하기를 제안한다. 바디우에게 공백은 기존의 체계로는 설명되지 않는 장소로 사건을 발생시킨다. 이때 우리가 볼 수 있는 것은 공백 자체가 아니라 공백의 가장자리인데, 바디우는 그것을 사건의 자리le site événementiel라고 부른다. 바디우가 말하는 사건은 상징계를 뚫고 올라오는 실재를 의미하며, 라캉이 말하는 증상과 거의 동일한 개념이다. 사건은 사건에 대한 주체들의 충실성에 힘입어 진리로서 자리잡게 된다. 여기서 바디우가 말하는 진리는 고전적인 진리가 아니라 기존의 체계에 균열을 내는 공백으로서만 존재하는 진리이다.[11]

이를 정리하면 〈도식 18〉과 같다. 바디우의 공백은 기존의 지식 체계인 상징계로 봉합되지 않은 구멍이다. 이 공백은 상징계의 관점에서는 비어 있는 것이지만, 실재의 관점에서는 강렬한 흐름과 에너지가 상징계를 뚫고 모습을 드러낸 것이다.

바디우의 관점에서 볼 때 현대사회는 사건이나 공백 없이 기존의 상황만이 지속되는 사회이다. 이런 사회에 대한 바디우의 요청은 기존의 상황에 맞추어 흘러가는 것을 멈추고, 생각하고[12] 의문을 제기하여 균열을 발생시키라는 것이다. 바디우에게 사유란 기존의 상황에 의문을 품고, 설명되지 않는 것에 문제를 제기하는 것이다. 규율사회에는 억압, 금지, 부정성이 있었고 이것들이 기존 상황에 의문을 품도록 만들었다. 반면 피로사회에서는 억압과 금지가 내재화되어

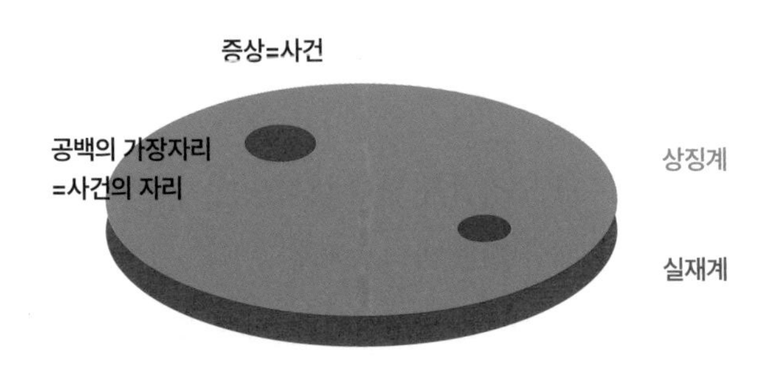

도식 18. 공백, 사건, 증상, 사건의 자리

기존 상황에 의문을 갖기보다는 기존의 흐름을 따르고 사유를 계속 유보하게 된다. 흐름을 쫓아가지 못하는 자신을 자책하면서 채찍질하고, 정지 없이 다시 흘러갈 수 있도록 자기개발에 매진한다.

신자유주의 사회에서 학문은 기존 체제에 질문을 던지기보다 가시적 성과를 내기 위해 체제가 더 잘 작동하는 방법을 찾는 데 집중하게 된다. 그래서 인문학보다 기술이 강조되고, 기술과 과학이 철학을 대체하는 현상이 나타난다.[13] 이를 정리하면 〈도식 19〉와 같다. 철학, 인문학은 상징계에 의문을 품고 균열을 내면서 존재자의 세계를 넘어서는 존재로 향한다. 반면 통상적인 기술과 과학은 상징계를 원활하게 작동하게 하는 데 집중한다.

지젝, 한병철, 대상 *a*, 균열, 타자

슬로베니아의 철학자 슬라보예 지젝 역시 바디우처럼 자본주

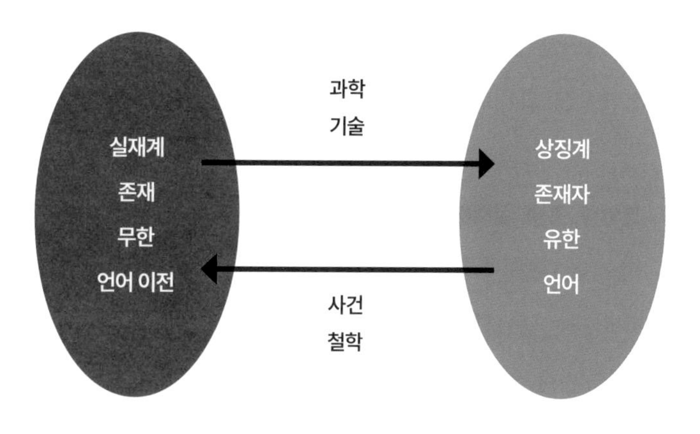

도식 19. 실재계, 상징계, 사건, 철학, 과학, 기술

의에 공백을 도입하기를 제안한다. 바디우와 지젝이 비슷한 입장을 갖는 것은 그들이 라캉 정신분석을 기반으로 철학을 발전시키고 있기 때문이다.[14] 지젝은 라캉의 용어인 증상symptôme, 증환sinthome, 대상 *a*를 그대로 활용한다. 2권 『환상 도시』와 3권 『사건 도시』에서 자세히 설명할 이 개념들은 기존 체계인 상징계의 질서에 균열을 내는 역할을 하며, 기존 체계에서는 불가능한 가능성을 내포한다.

현대사회에 대한 한병철의 비판도 바디우의 관점과 유사한 부분이 있다.[15] 한병철은 들뢰즈가 제안한 무한한 분열적 운동이 자본주의를 가속화시킨다고 비판한다. 신자유주의의 피로사회에서는 모든 것이 투명해져서 타자와 공백의 자리가 사라졌고, 거리가 없어지면서 아우라와 사랑을 느끼기도 어려워졌다. 피로사회는 자연스럽게 나타나는 증상조차 억압하고 봉합하는 사회이다. 한병철은 이런 자본주의의 분열증의 흐름에서 필요한 것은 균열과 공백이며, 타자와 이질적 존재를 환대하는 것이라고 말한다.

분열증, 공백, 실재를 향한 열망

들뢰즈는 흐름에 긍정적이며, 기술을 적극적으로 활용해서 새로운 가능성을 찾기를 원한다. 반면 바디우는 기술에 대해 거리를 두는 입장을 취하는데, 이는 독일 철학자 하이데거의 관점과도 유사하다. 흥미로운 점은 들뢰즈는 분열증의 흐름에서, 바디우는 흐름 안의 공백에서 가능성을 찾으려 한다는 점에서 차이가 있지만 두 대안 모두 실재를 지향한다는 것이다.[16] 기존의 지식 체계에서 벗어나는 바디우의 공백과 사건은 모든 영토화에서 벗어나는 들뢰즈의 분열증적 탈주선과 분명한 공통점을 갖는다. 라캉의 증상과 같이 바디우의 공백, 들뢰즈의 탈주선은 실재를 지향한다. 무한한 강도, 에너지, 잠재성의 상태인 실재를 상징계에 호출해서 다시 도입하려는 것이다.

<멈춤 없는 도시>, 들뢰즈와 바디우

정지 없이 과도한 흐름만이 존재하는 현대도시를 묘사한 아키줌의 〈멈춤 없는 도시〉 연작은 우리가 살펴본 현대사회의 정신병적 성격과 연관된다. 이 작품은 도시가 과도한 흐름이 흘러가는 기능적인 공간만이 아닌 정지하고 방황하는 장소와 공백도 제공해야 함을 비판적으로 보여주고 있다(163쪽의 그림 참조). 그런데 바디우가 말한 공백은 단순히 여유 있는 장소나 비어 있는 광장이 아닌 예측을 벗어나는 창발이 일어나는 공간에 더 가깝다. 도시에 대한 기존의 고정관념을 깨고 탈주가 가능한 공간을 만드는 것이 중요하다. 이는 새로운 주체를 창조하는 행위이기도 하다. 수로화된 흐름과 고착에서 벗어난 이러한 자유롭고 무의식적인 흐름을 들뢰즈는 분열증적 탈주선으로 설명한다.

<벌거벗은 도시>, 분열증적 흐름

실재를 지향하는 분열증적 흐름을 잘 보여주는 또 다른 프로젝트가 있다. 국제 상황주의자들의 〈벌거벗은 도시Naked city〉(1957)는 기능적인 도시에 균열을 내고 방황하는 분열증적 흐름을 상상한 것이다(163쪽의 그림 참조). 지도 사이사이의 하얀 공백들이 언어로 묘사할 수 없는 창발의 장소들이다. 이것은 68혁명의 구호 "보도블록 아래 해변이"처럼 기능적인 도시의 상징적 질서 아래에 꿈틀거리는 실재가 있음을 시각적으로 표현한 것이다.

앞에서 말했듯이 현대사회에는 규율사회의 억압이 내재화되어 있다. 억압, 타자, 공백, 거리감이 모두 사라진 신자유주의 피로사회에서 시공간적 빈틈이 없는 흐름은 새로운 종류의 내재적 억압을 만들어냈다. 흐름을 완전히 없애는 것은 도시의 작동을 포기하는 일이다. 그러나 다시 억압이 만연한 규율사회로 돌아갈 수도 없다. 흐름과 통제 사이, 혼돈과 질서 사이, 실재와 상징계 사이 어딘가에 있는 유연한 질서가 라캉, 들뢰즈, 바디우가 찾으려 하는 새로운 사회의 철학적 대안이다.[17] 이는 전체주의/개인주의, 공산주의/자본주의를 넘어서는 어떤 장소에 도달하게 해줄 것이다. 그러면 다음 장에서는 다양한 체제 근저의 물질대사를 살펴보자.

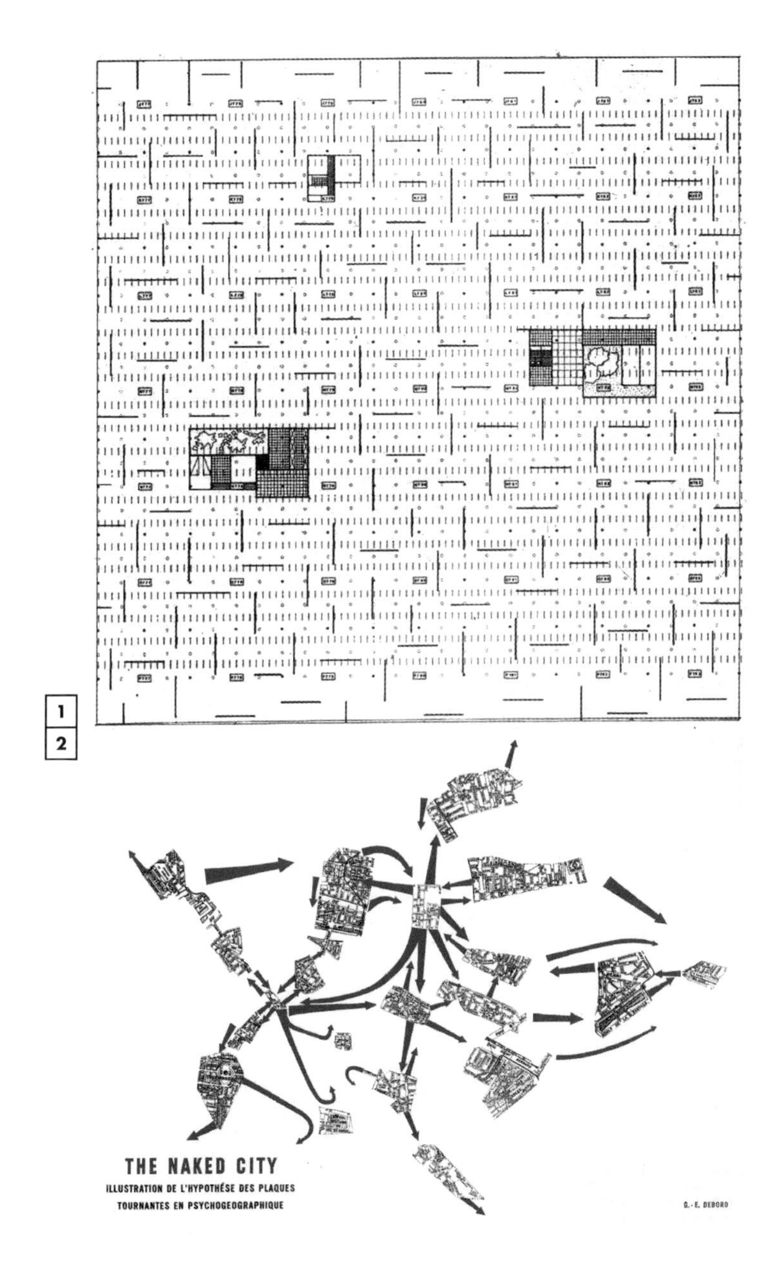

아키줌, <멈춤 없는 도시> 1

국제 상황주의자들, <벌거벗은 도시> 2

3장 에너지 순환으로서의 경제

바타유, 과잉, 비생산적 소비, 물질대사로서의 자본주의

다이아몬드, 문명의 붕괴, 물질대사

재레드 다이아몬드는 『문명의 붕괴』에서 자원, 토지 같은 자연의 과잉 착취가 환경의 변화와 문명의 붕괴를 야기한다는 점을 마야, 중국, 그린란드, 오스트레일리아 등의 여러 사례를 통해 지적한다. 남태평양의 이스터섬은 풍부한 자연자원을 바탕으로 문명을 이루었지만 무분별한 벌목이 환경의 변화를 초래하여 몰락했다. 고대부터 현대까지 중국이나 아프리카를 막론하고 자연의 과잉 착취에 의한 환경 변화와 문명의 붕괴는 끊임없이 반복되는 현상이다.

환경파괴는 지구 전체 차원의 물질대사metabolism에 문제를 일으킨다. 물질대사란 생명 유지를 위한 영양과 에너지의 순환을 말한다. 물질대사는 여러 흐름이 원활하게 순환하도록 함으로써 생명체로서의 자연과 지구를 살아 있게 만든다.

맑스, 물질대사와 생태학 관점에서 본 경제와 사회

맑스는 1867년 『자본론』 1권을 탈고하고 말년에 생태학과 지질학에 관심을 가졌다.[18] 맑스는 독서를 하면서 꼼꼼하게 발췌 노트를 작성했는데, 1878년 발췌 노트에는 지질학, 광물학, 토양학, 생물학, 농학, 농화학, 지구사에 대한 내용이 기록되어 있다. 이로부터 그가 경제학을 생태학적인 관점에서 파악하고자 했음을 알 수 있다.[19] 맑스는 자본주의가 토지의 생산력을 착취하고 순환의 흐름을 단절시킨다고 생각했다. 예컨대 농촌에서 생산된 농산물이 도시로 이동해서 소비되고 배설물이 되어 도시의 토지로 돌아가면 농촌 토지의 에너지는 도시로 이동한 것이 된다. 즉 흐름이 순환하지 못하고 과도하게 도시에 집중되어 축적되는 것이다. 이러한 자본의 과도한 집중 때문에 물질대사가 파괴되고, 노동력과 토지의 힘이 고갈되는 것이 그가 꼽은 자본주의의 근본적인 문제이다. 이렇게 맑스는 경제와 사회를 물질대사와 생태학의 관점에서 바라보았고,[20] 경제와 노동의 문제가 넓게 볼 때 지구 전체의 물질대사와 연관된다는 문제의식을 가졌다. 이와 관련하여 최근의 맑스주의 운동은 노동운동에서 환경 운동으로 확대되고 있다.

바타유, 과잉, 전쟁, 비생산적 소비, 순환

바타유는 경제학의 근본 문제를 지구적, 우주적 차원에서 규명하고자 했다. 그는 과잉생산의 근본적인 원인을 태양에너지에서 찾

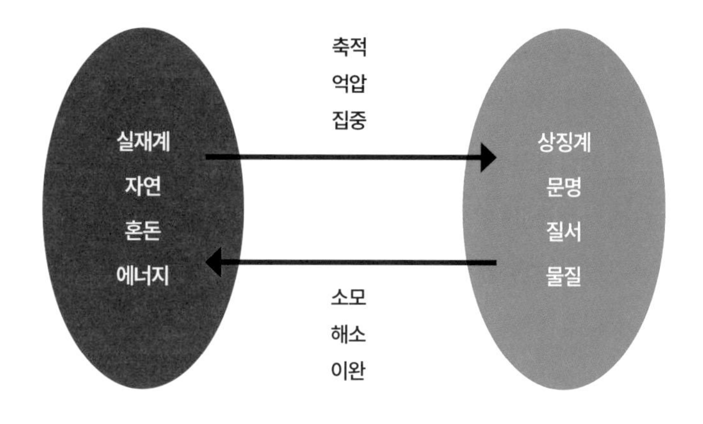

도식 20. 상징계, 실재계, 축적, 소모

았다.[21] 지구에 쏟아지는 무한정한 태양에너지가 지구를 에너지 과잉의 상태로 만들고, 이 과잉 에너지를 분출하지 않으면 폭발하므로 지구는 끊임없이 우주를 향해 에너지를 내보낸다는 것이다. 바타유는 사회도 이와 마찬가지로 과잉생산되는 재화를 방출하지 않고 과잉 축적하면 어떤 식으로든 폭발한다고 보았다. 과거 사회는 제의, 축제, 거대 건축물, 무상으로 선물하는 포틀래치portlach를 통해서 과잉생산을 해소했다. 바타유는 이런 의미 없는 소비를 '비생산적 소비consommation improductive' 또는 '소모dépense'[22]라고 부른다. 이것은 자본주의사회의 재투자와는 다르다. 재투자는 다시 축적하는 것을 목적으로 한다. 하지만 비생산적 소비는 축적을 해소하는 것을 목적으로 한다. 비생산적 소비로 과잉 축적된 에너지를 적절히 해소하지 못하면 혁명, 전쟁 같은 폭발적인 사건이 일어날 수밖에 없다.

바타유는 이렇게 지구 전체의 에너지 순환, 물질대사라는 지구적 관점에서 경제를 파악하는 방식을 일반 경제학이라고 부르고, 경제학자들의 이론을 제한 경제학이라고 불렀다. 상징계와 실재계의 구분을 통해 설명하자면 상징계 내에서 생각하는 것이 제한 경제학, 상징계와 실재계 전체 차원에서 생각하는 것이 일반 경제학이라고 할 수 있다.

저주받은 몫, 실재의 귀환, 자본주의, 암세포

다시 말해 바타유는 인간이 자연으로부터 모든 혜택을 받고 에너지를 끌어 쓰고 있음을 깨달아야 한다고 역설한다. 또한 태양으로부터 오는 무한의 에너지를 유한의 지구가 모두 끌어안으면 결국 폭발하며, 그러한 사태를 피하기 위해서 우주로 에너지를 발산해야 하는 것처럼 자본주의에서 생기는 과잉생산은 사회가 그대로 끌어안으면 폭발하는 '저주받은 몫'이라는 점을 설명한다. 태양에너지나 자연의 풍요로운 생산은 축복이지만 과도할 때는 저주가 되고 '비생산적 소비'를 통해 분출되지 않은 과잉은 재난이 되어서 돌아오기 때문이다. 전쟁, 기후변화, 전염병은 적절한 분출 없는 과잉의 결과물로 과도한 흐름의 양을 조절하지 못한 대가이다. 이렇게 무한한 힘이 유한한 체계를 뚫고 나타나는 현상을 라캉은 실재의 귀환이라고 불렀다.

오늘날 인류가 만든 시장경제체제는 풍요를 가져다주지만, 어떤 한계점을 넘어서면 거대화되어 숙주마저 파괴하는 암세포가 되어버린다. 시장주의자들은 시장이 보이지 않는 손에 의해 조절되고 진화하는 자연의 질서라고 믿는다. 이 관점은 일부 맞지만, 자본주의 시장경제는 절제되지 않으면 숙주와 함께 괴멸하는 암세포와 같은 존재이기에 숙주인 자연이 망가지지 않고 오래 지속되기를 원한다면 그 과도한 흐름을 조절할 필요가 있다.

과잉생산, 시장 확보, 전쟁

자본주의는 태생적으로 과잉생산의 문제를 가지고 있다. 자본주의가 탄생한 것은 자급자족경제에서 벗어난 인류가 공장 생산을 시작하고 급격히 증가한 생산력이 화폐경제와 맞물리면서다. 중세 장인은 주문을 받고 생산한 반면 공장의 주인은 팔 물건들을 미리 만들어놓고 소비자를 기다린다. 과잉생산, 초과공급은 중세에는 드문 일이었지만 자본주의에서는 일반적인 현상이다. 많은 사람이 상품을 구입하고 나면 시장은 포화 상태가 되기 때문에 새로운 시장을 개척하여 수요를 확보할 수밖에 없다. 19세기에 산업자본주의에 먼저 도달한 서구 열강이 사용한 방법은 식민지를 확장하는 것이었다. 영국은 인도로, 스페인은 남미로, 프랑스는 아프리카로 진출했다. 후발 주자인 독일은 식민지 경쟁에서 도태되었는데, 과잉생산 문제를 해결하기 위해서 결국 제1차 세계대전을 일으켜 식민지 확보를 꾀했다. 전쟁은 엄청난 피해를 가져왔지만 동시에 막대한 소비를 발생시켜 공급과잉을 해소하고 정체된 경제에 활력을 불어넣었다. 다시 말해 자본주의사회에는 필연적인 과잉 문제를 해소하기 위해 전쟁

과잉생산의 해소 방법, 식민지 확보, 전쟁

이 발발할 위험이 도사리고 있는 것이다.

로자 룩셈부르크는 잉여가치의 생산과 자본 축적에 대해 말하면서 자본이 축적되기 위해서는 다음과 같은 4가지 조건이 필요하다고 정리했다.[23]

1. 생산에서의 잉여가치 생산
2. 잉여가치의 화폐로의 전환
3. 충분한 양의 생산수단, 생활수단, 노동력
4. 잉여가치를 대표하는 추가적인 상품이 팔릴 가능성

화폐경제와 산업혁명이 결합되어 잉여가치와 생산수단이 확보된다 하더라도 판매할 수 있는 시장을 찾지 못하면 자본축적은 일어나지 않는다. 그렇기 때문에 자본주의에서 국가들은 시장 확보를 위해 노력하게 된다.

대공황, 수정자본주의, 공산주의, 제2차 세계대전

제1차 세계대전 이후로 한동안 잠잠했던 공급과잉 문제는 어느 정도 시간이 지나자 다시 문제가 된다. 공장의 주인은 이번에는 초과생산 문제를 해소하고 이윤을 증가시키기 위해서 판매 가격과 임금을 낮추고 고용을 축소한다. 그런데 이 방법은 실업자 증가에 따른 소비 축소로 이어지게 된다. 노동자가 곧 소비자이기 때문이다. 판매되지 못한 상품들이 공장에 그대로 쌓이고, 사람들이 지출하지 않기 때문에 돈의 흐름이 멈춘다. 이것이 산업자본주의에서 공황이 일어날 수밖에 없는 이유였다. 흐름의 정지로 인한 대공황을 맞이하게 된 미국, 러시아(소련), 독일은 이를 해결하기 위해 각각 다른 방법을 선택했다.

먼저 미국은 1929년 대공황에 대해 정부가 시장에 개입하는 수정자본주의, 후기자본주의를 택했다. 1933년 루스벨트 대통령은 경제공황을 타개하기 위해 댐 건설 같은 공공사업을 일으키는 뉴딜 정책을 시행했다. 그로 인해 사업에 고용된 노동자들의 구매력이 향상하고, 소비가 진작되어 멈췄던 공장들이 재가동되었다. 이는 물질대사의 관점에서 자본과 에너지의 순환을 원활하게 조절한 사례로, 인체에서 혈액이 부족할 때 혈류량을 늘려주는 것과도 유사하다.

한편 소련은 공산주의 계획경제를 통해서 과잉생산 자체를 조정하는 방식을 사용했다. 그렇게 되면 과잉생산물이 생기지 않아서 축적을 해소하기 위한 비생산적 소비를 할 필요가 없다. 하지만 생산이 과소해지기 때문에 인체에서 혈액의 흐름 자체가 모자라는 상태와 비슷해진다. 이런 상태는 자본주의경제에서도 과도한 규제가 있을 때 형성된다. 생산과 그 흐름은 너무 과해도 안 되지만 너무 모자라도 안 되는 것이다.

마지막으로 막대한 전쟁배상금이 부과되고 대공황까지 겹친 독일은 경제를 살리기 위해서 다시 전쟁을 일으키는 길을 택했다. 자본주의의 후발 주자였던 일본도 수요 시장 확보를 위해 독일, 이탈리아와 합세하여 전쟁의 길로 들어섰다. 이에 제2차 세계대전이 발발했다. 제2차 세계대전의 기저에는 과잉생산과 이를 해소하기 위한 수요 시장 확보라는 자본주의의 필연적인 원리가 작용했던 것이다.

마셜플랜, 자본주의의 전쟁, <매트릭스>

제2차 세계대전이 끝나고 1947년에 미국 국무부 장관 조지 마셜은 유럽에서의 공산권 확대를 저지하기 위해 대유럽 무상 경제 원조를 제안하고 실행했다. 이것을 마셜플랜이라 부른다. 바타유는 마셜플랜을 현대적인 비생산적 소비라고 평한다. 마셜플랜은 미국 내부에서는 쓸데없는 소비로 보일 수 있었지만 세계경제 차원에서는 순환을 촉진하는 계기가 되었다. 바타유가 보기에 이것은 과잉생산을 해소하는 방식이었다. 전쟁으로 황폐화된 유럽을 원조하는 대신 미국 내부에서 소비하면 나라가 더욱 번성할 것이라는 생각은 자본의 논리를 이해하지 못한 협소한 주장이다. 유럽이 구매력을 완전히 잃을 정도로 황폐화되면 미국은 과잉생산을 해소할 소비시장을 잃게 된다. 장기적으로 볼 때 유럽이 다시 부흥해야 막대한 소비시장을 확보할 수 있는 것이다. 그렇기 때문에 미국의 유럽에 대한 무상 경제원조는 결국 미국 자신에게도 이로운 방법이었다.

자본주의 이전의 전쟁에서 승리란 적을 초토화시키고 황폐화시키는 것이었다. 하지만 자본주의 시대 전쟁에서는 적을 무력화하면서도 구매력을 가진 상태로 살려놓는 것이 승리다. 자본주의 시대 전쟁의 목표는 소비시장을 확보하는 것이기 때문에 소비자가 몰락해서는 안 되는 것이다. 이러한 관계의 개요는 자본가와 노동자 사이에도 마찬가지로 적용된다. 자본가는 노동자가 생산하는 잉여가치를 최대한 착취해야 하지만, 그로 인해 노동자가 구매력을 잃을 정도여서는 안된다. 이는 영화 〈매트릭스〉에서 세상을 정복한 기계들이 인간을 죽이지 않고 에너지 착취의 원천으로 사용하는 것과 유사하다. 노동자는 노동자인 동시에 소비자다. 소비자는 시장수요의 핵심이다. 자본주의 시대에 이루어지는 대부분의 경쟁은 소비시장을 확보하기 위한 것이다. 냉전 시대에 자본주의가 공산주의와 치열하게 대립한 이유도 공산주의의 확대가 곧 시장의 축소를 의미하기 때문이었다.

신자유주의, 소련의 붕괴, 중국의 개방

앞에서 설명했듯이 산업혁명에 의한 대량생산과 화폐경제가 만나서 탄생한 자본주의는 과잉생산에 의한 공황의 가능성을 내포하고 있었다. 산업자본주의 이래로 인류가 공황의 가능성을 해소해나간 여러 방법을 다시 정리해보면 19세기 유럽은 식민지 확장으로 수요 시장을 넓혔고, 20세기 초부터 미국은 뉴딜 정책을 통한 내수시장의 확대를, 소련은 계획경제에 의한 과잉생산 조정을, 독일과 일본은 전쟁을 선택했다.

1970년대 닥친 경제위기는 하이에크가 주창한 신자유주의가 전 세계로 퍼지면서 일단락되었다. 경계와 규제를 없앰으로써 수요시장을 확대하는 방식이었다. 이로 인해 한동안 과잉생산이 해소되었으나 침체의 위기는 반복적으로 찾아왔다. 공황이 연기될 수 있었던 것은 1991년 소련과 공산권의 붕괴로 다시 한번 수요가 일어나고 중

뉴딜 정책의 가장 큰 프로젝트인 후버댐 1

1989년 12월 9일 베를린장벽의 붕괴 2

국의 개방 효과로 인해 20세기 말 21세기 초에 수요 시장이 확대되었기 때문이다. 이렇게 제2차 세계대전 이후 신자유주의, 소련의 붕괴, 중국의 개방 등이 이어짐으로써 정체될 수도 있었던 생산-수요-자본의 흐름이 꾸준히 활성화되었고, 따라서 제1·2차 세계대전과 같은 세계 전쟁이 일어나는 것을 방지할 수 있었다.

비생산적 소비, 자본주의와 공산주의의 흐름

지금까지 살펴보았듯이 과잉생산은 공황으로 이어지고, 자본주의는 시장을 확보하고 문제를 타개하기 위해 전쟁을 선택할 가능성이 있다. 바타유는 이에 대한 해결책으로 포틀래치 같은 비생산적 소비를 제안한다. 내수 시장을 넓힌 뉴딜 정책은 생산적 소비를 늘리면서 과잉생산을 해소했고, 세계경제를 진작한 마셜플랜은 비생산적 소비로 문제를 해결했다. 마셜플랜도 장기적으로 보면 미국을 위한 생산적 소비로 이어진다고 할 수 있다.

자본주의는 과잉생산이라는 태생적 문제를 가지고 흐름을 끊임없이 확장해야 하는 운명에 놓여 있다. 소련은 계획경제를 통해 과잉생산을 원천적으로 억제하려 했지만 공산주의는 흐름이 끊임없이 축소되는 또 다른 문제에 직면한다. 도시, 경제, 유기체, 정신 모두에서 생산과 흐름은 너무 지나쳐도 안 되고 너무 모자라도 안 된다. 그동안 존재했던 경제체제들은 흐름을 통제하는 방식을 사용했다. 흐름의 통제 방식과 과소, 과잉이 나타나는 방식에 따라서 도시, 경제, 정신의 체제가 정의되고 그에 따른 문제나 증상이 도출된다. 다음 장에서는 이 부분을 확장시켜 살피고 흐름을 조절하는 또 다른 방식을 알아볼 것이다.

4장 생태주의적 자본주의 도시

생태주의적 맑스, 편집증, 강박증, 경계, 생명체

도시, 경제, 사회, 유기체, 정신, 흐름

정신 병리 현상, 도시 현상, 경제 현상을 흐름의 양상을 통해서 파악할 수 있다.[24] 프로이트, 맑스, 들뢰즈는 모두 흐름을 조절하는 법에 관심을 가졌다. 프로이트는 리비도의 동역학적 모델을 연구했고, 맑스는 자원, 노동력, 자본의 물질대사에 주목했다. 들뢰즈는 탈영토화, 탈코드화, 선ligne의 개념을 통해 흐름을 사유했다. 팀텐Team X, 루이스 칸, 메타볼리즘, 콜하스 같은 건축가나 건축 운동 또한 도시를 흐름으로 이해하려고 했다. 도시, 경제, 사회, 유기체, 정신은 흐름으로 밀접하게 연결되어 있고 공명한다.

들뢰즈, 매끄러운 세계, 수로화된 흐름

자본, 물류, 리비도, 혈액, 에너지의 흐름에서 볼 수 있듯이 모든 흐름은 과도하면 문제가 생긴다. 하지만 흐름은 생명 자체이기 때문에 아예 흐름이 없어서는 안 된다. 너무 과해도 안 되고 없어도 안 되는 것이 흐름이다. 문제는 흐름을 어떤 방식으로 조절하고 통제하느냐이다.

들뢰즈도 현대사회에서 중요한 것은 자유냐 제한이냐, 중앙집중이냐 지방분권이냐가 아니라 흐름을 제어하는 방법이라고 말했다.[25] 자본주의는 탈코드화와 탈영토화를 거쳐 흐름을 재조직하고 자본의 리좀이라는 매끄러운 세계를 완성한다. 자원, 물류, 자본의 흐름의 양과 속도는 이전에 비할 수 없을 정도로 증가했다. 이 엄청난 흐름은 태초의 원초적이고 무규정적인 흐름이 아니라 촘촘하고 정교하게 수로화된 흐름이다. 들뢰즈는 이 사회가 경직된 선/유연한 선, 거시적인 것/미시적인 것, 몰적인 것/분자적인 것의 혼합으로 이루어졌다고 보았다. 대조되는 성향 중 한쪽이 더 강할 수는 있지만 한 측면만 존재하는 사회는 없다. 따라서 양자 사이에서 유연한 균형점, 유연한 질서를 만드는 것이 중요하다. 이는 흐름을 과잉되지도 과소하지도 않게 적절히 유지하는 것과 같다.

순환적 경제, 노자, 중용

맑스가 말년에 지질학, 광물학, 토양학, 생물학, 농학, 농화학, 지구사에 관심을 가진 이유는 물질대사의 흐름을 적절하게 조절하는 방법을 알기 위해서였다. 맑스는 생태적 자본주의 또는 생태적 공산주의라고 말할 수 있는 순환적 경제체제를 꿈꾸었다. 이것은 동양에서

노자가 논한 흐름에 대한 생각이나 중용의 이치와도 유사하다. 맑스가 천착한 분야는 경제, 사회, 생태 등으로 다양하지만 그의 공통적 관심은 과잉 축적과 과소 생산 없이, 즉 고착과 고갈 없이 적절한 순환 상태를 유지하는 법을 알아내는 것이었다. 앞에서 보았듯이 자본주의는 흐름을 과잉 상태로 만드는 반면 공산주의는 흐름을 과소 상태로 만든다. 이 점에서 사회의 합리적인 물질대사를 추구했던 맑스는 과소주의자라기보다 생태주의자에 가깝다. 과잉생산, 과잉 축적이 공황을 불러옴을 지적했지만 완벽한 계획경제에 의한 과소 생산도 불가능하다고 보았기 때문이다.

자본주의-편집증·분열증, 공산주의-강박증

인간은 태양, 바람, 물 같은 자연의 원초적 흐름에서 에너지를 채취해서 사회를 만들고 도시를 건설했다. 지구적 관점에서 도시는 식물이 광합성으로 에너지를 만들듯이 에너지를 고착시키고 조직화한 산물이다. 에너지 채취에 있어서 공산주의 계획경제체제는 흐름을 과잉 없이 정확하게 통제하는 방식을 사용하는 반면 자본주의 자유시장 경제체제는 흐름을 통제 없이 흘러가게 하면서 과잉생산과 과잉 축적을 인정한다. 에너지의 흐름을 정신 병리 현상과 연결 지어볼 때 공산주의 계획경제가 리비도의 흐름을 과하게 틀어막는 강박증의 상태라면 자본주의 시장경제는 리비도가 과도하게 흐르는 분열증과 과도하게 집중되는 편집증이 공존하는 상태이다.[26]

표 15. 공산주의, 자본주의, 강박증, 편집증, 분열증

공산주의	자본주의
계획경제	시장경제
규율사회	피로사회
신경증	정신병
강박증	편집증, 분열증
규제, 억압	자유방임, 확장

자본주의 도시, 공산주의 도시

도시의 모습을 흐름과 연결 지어 자본주의 도시, 공산주의 도시를 살펴보자.[27] 자본주의 도시는 집중과 분산, 과잉과 과소가 공존한다. 맨해튼 같은 도심에서는 흐름이 집중되어 과밀한 모습을 보이는 한편 로스엔젤레스의 교회 같은 곳은 자동차도로나 고속도로의 흐름을 따라서 확산된다. 흐름에 대한 통제가 없기 때문에 시장경제에 따른 집중과 분산이 이루어지는 것이다. 반면 공산주의 도시는 계획과 통제에 의해서 만들어진다. 1920-30년대 소련의 급진적 도시계획가들은 선형도시계획을 제안했다. 흐름을 따라서 주거, 공장, 교통, 자연을 배치하자는 것이었다. 하지만 스탈린이 집권하고 중앙집중식의 방사형 계획이 채택되었다. 모스크바는 6개의 다핵을 중심으로 하는 동심원으로 계획되었고, 인구는 도시로 집중되었다.[28]

제임스 바터는 공산주의국가 도시들에서 발견되는 특징들을

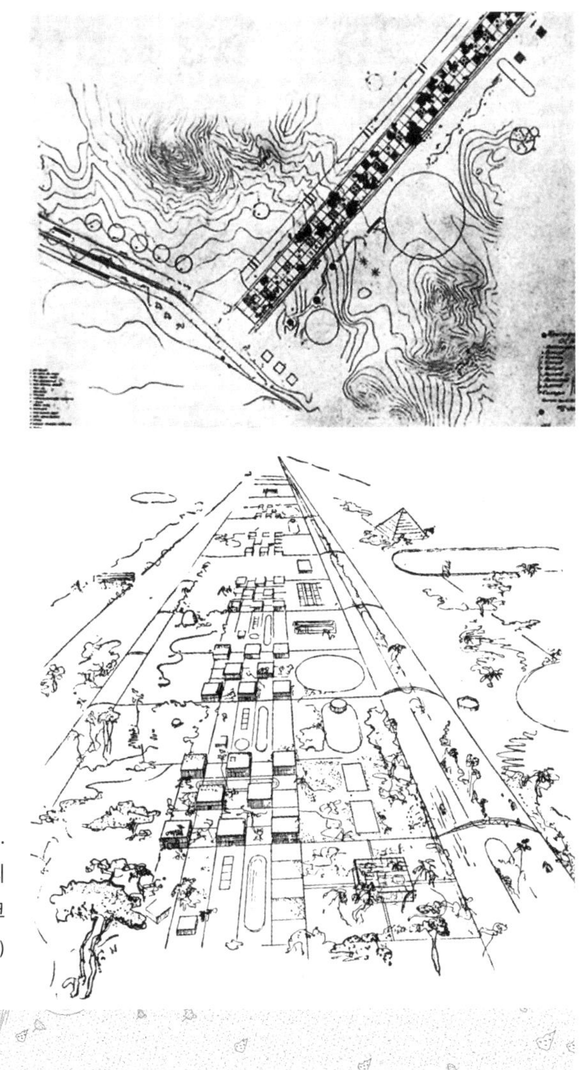

흐름을 고려한 도시.
이반 레오니도프의
마그니토고르스크
선형도시계획안(1930)

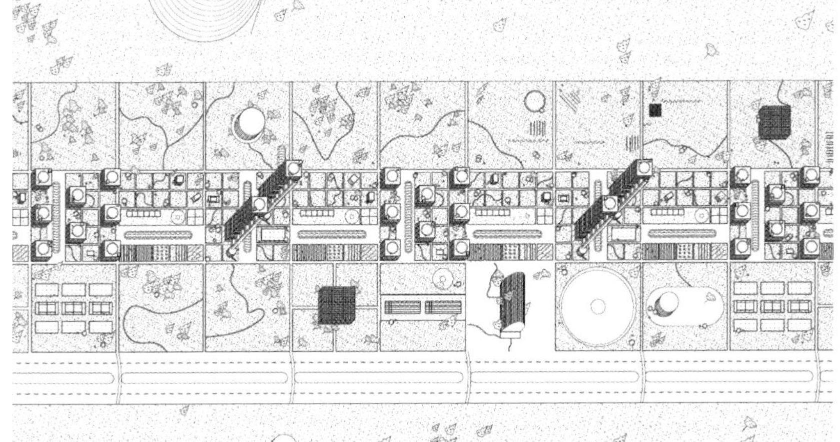

다음과 같이 정리했다.[29] 도시의 크기 제한, 계획된 주거지역, 국가 통제하의 주거 공급, 도시 공간의 균형, 직주근접의 장려, 대중교통의 장려, 녹지공간 제공, 토지이용의 규제 등이다. 도시 규모의 제한은 흐름이 한곳에 과잉 집중되는 것을 막으려는 것으로, 이러한 특징들의 목적은 흐름을 분산시키고 과밀과 과소를 막는 것이다. 그럼에도 불구하고 많은 공산주의 도시에서 택한 중앙집중식 도시계획은 밀도를 줄이는 데 한계가 있었다.

자본주의/공산주의의 집합 주거

19세기 초에 샤를 푸리에는 사회주의적 공동체 팔랑스테르Phalanstère를 제안했다. 이 이상적 공동체는 장 밥티스트 고댕에 의해서 프랑스 북부 기즈의 파밀리스테르Familistère로 실현된다. 그런데 이것이 더 구체적이고 체계적인 방식으로 실현된 것은 1920년대 소련에서였다. 당시 소련 건축가들은 혁명 이후의 공동체적 삶에 대해서 고민했고, 모이세이 긴즈부르그가 나르콤핀Narkomfin아파트에서 사회주의적 공동체를 구현했다. 이 건물은 도서관, 탁아소, 세탁소, 체육시설 등을 포함하고 있었다. 이런 이상은 르코르뷔지에에게도 영향을 끼쳐 전후 프랑스에 위니테 다비타시옹unité d'habitation이라는 집합 주거 건물이 건설되었다. 또한 빈이 사회주의적 정부에 의해 운영되던 '붉은 빈Rotes Wien' 시대에 칼 엔이 칼 맑스 호프Karl Marx Hof 같은 공동체적 주거 건물을 조성하기도 했다. 이러한 집합 주거 건물들은 공통적으로 임대주택이며 공동체적 삶을 이상으로 삼

고댕, 파밀리스테르(착공 1859-완공 1884) 1
긴즈부르그, 나르콤핀아파트(착공 1928-완공 1932) 2

1 2

1 르코르뷔지에, 위니테 다비타시옹(착공 1945-완공 1952)

2 칼 엔, 칼 맑스 호프(착공 1927-완공 1930)

는다.

한편 자본주의에서 주거는 기본적으로 개인소유의 주택으로 이루어진다. 도시가 고밀화되면서 고층아파트가 출현했지만 공동체의 성격을 갖기보다는 개인의 삶을 중요시하는 형태로 발전했다. 공적 체육시설, 도서관보다 사적 스포츠센터, 서점이 성행했다. 1920년대 뉴욕에서 유행한 마천루에는 고급 레스토랑, 카페, 수영장, 피트니스센터, 무도회장이 들어섰다. 사회주의적 공동체의 이상보다 사적인 형태의 공동체 생활을 추구하는 방식이다.

사적 영역, 공적 영역

이동에 있어서 자본주의는 개인 차량을 운행하는 방식을, 공산주의는 국가 주도의 대중교통을 제공하는 방식을 중심으로 한다. 주거 유형에 있어서 자본주의는 개인이 집을 분양받고 소유하는 반면 공산주의는 국가가 집을 공급하는 임대 방식이다. 대표적인 공산주의의 주거 유형으로는 빈 도심의 대규모 집합 주거인 호프Hof를 들 수 있으며, 이는 주로 기차역 주변에 형성되어 있다. 한편 미국 도시 외곽의 자동차로 이동하는 교외 주거 형태는 전형적인 자본주의의 산물이다. 모스크바에서 지하철은 대표적인 대중교통으로 역들이 궁전처럼 꾸며져 있고, 반면 미국의 자동차는 사치품처럼 발달했다. 자본이 각각 공적 영역과 사적 영역에 투자된 대조적인 결과이다. 공간의 측면에서 자본주의 도시의 중심에는 쇼핑몰이 있고, 공산주의 도시의 중심에는 상징적 문화 광장이 있다. 전자는 흐름을 통해 만들어진 상업 공간이고 후자는 통제에 의해 만들어진 공적 공간이다.

근린주구, 소구역

자본주의 도시와 공산주의 도시는 지역 지구 계획에서도 차이가 보인다. 자본주의 도시에 클래런스 페리가 주창한 근린주구neighborhood가 갖춰져 있다면 공산주의 도시에는 소구역microdistrict이 있다.[30] 근린주구의 중심에는 초등학교가 있고, 소구역의 중심에는 생산 시설이 있다. 근린주구는 그 강조점이 교육과 소비에

표 16. 자본주의 도시 vs 공산주의 도시

	자본주의 도시	공산주의 도시
이동 수단	개인 차량	대중교통
도시 구조	집중, 분산	선형, 집중
도시 밀도	과밀, 과소	분산, 균형
구성 방식	자유방임	계획 통제
개발 주체	시장 주도	국가 주도
주택 유형	개인 분양	공공임대
대표 도시	뉴욕, 로스엔젤레스	모스크바
주거 유형	도시 외곽 중심 개인 주거	도심 임대 집합 주거(호프)
지역 지구	근린주구	소구역
지역 중심	초등학교	생산 시설
근린시설	주민 센터	사회적 응축기
정신 병리	분열증, 편집증	강박증

있는 반면 소구역의 핵심은 생산이다. 근린주구는 행정 처리를 위한 주민 센터를 가지고 있고, 소구역에는 사람들의 문화와 체육 같은 생활 습관을 담당하는 사회적 응축기가 있다.

대안, 공공성, 생산-소비, 복지-선순환

현대도시는 흐름을 조절하는 문제에 관해 여러 가지 대안을 모색하고 있다. 그중 한 가지는 공적 공간을 확대하려는 노력이다. 이중에는 공공 기관에서 토지나 공간을 매입해서 활용하는 방안이 있는데, 예를 들면 유휴 부지를 활용해서 공원을 조성하거나 공공시설을 만드는 방식이다. 한편으로는 기업이나 개인이 소유한 토지나 공간을 공적 용도로 사용하는 방법[31]도 있다. 이것은 경계 내부에서 경계를 열어젖히는 내파implosion로 볼 수 있으며, 경계를 모호하게 만들어 흐름을 원활하게 조정하는 것이 결과적으로 사적 이익에도 도움이 된다는 점에서 또 다른 재영토화로 해석할 수도 있다. 이렇게 공간적 공백을 만든다고 해도 시간적, 사회적, 경제적 순환이 함께 이루어지지 않으면 구조가 움직일 가능성은 매우 적다.[32] 쿠바의 아바나에서는 주택 공간이 박물관이나 학교로 사용되며, 쿠바는 무상으로 의료 기술을 가르치고 의료 행위를 베푸는 나라다. 이러한 쿠바의 복지 교육 시스템처럼 공간적 차원을 위시한 다양한 선순환이 실현되어야 한다.

또 다른 대안은 자생적 경제단위를 구성하는 것이다. 그럼으로써 생산-소비의 연결고리를 짧게 만들 수 있다. 도시 외곽으로 밀려난

국민은행 청춘마루, 공공성, 내파

생산 공장을 다시 도심으로 끌어들이는 방식, 도시에 농장을 만드는 방식이 모두 여기에 속한다. 우리 주변의 예로는 창신동, 을지로, 성수동의 소규모 공장을 주거, 상업과 공존하게 한 것이 있다. 이는 근대적 조닝에서 벗어나서 경계를 허무는 방식으로, 흐름을 미시적으로 만들어 자급자족적인 과소주의로 회귀하는 것과 유사하다. 이러한 도시 공장, 도시 농장은 제3세계와 선진국을 연결하는 대규모 생산 시스템의 대안으로 보일 수 있지만, 전 세계적인 물류 이동이 일상화된 오늘날 다소 미흡한 방안이다.

경계의 문제, 강박증적 질서, 편집증적 고착

영토를 구획 짓고 흐름을 가르는 도시 통제와 도시계획은 경계의 문제와 직결된다. 공산주의의 기본적인 아이디어는 소유의 경계를 허무는 것이다. 즉 경계 이전의 상태로 돌아가는 것을 이상으로 삼는다. 하지만 현실에서 공산주의는 원래 의도와는 달리 역설적으로 경계를 더욱 명확하게 구분 짓는 방식으로 발전했다. 그 이상과 다르게 20세기에 실현된 공산주의 도시는 질서와 통제가 강화된 강박증의 상태와 유사하다. 반면 자본주의는 개인의 소유와 경계를 인정하는 것에서 시작한다. 자본주의는 한편으로는 경계를 허물고 흐름을 흘러가게 하면서도 다른 한편으로는 계층과 축적을 강화하는 이중적인 방식으로 작동한다. 이것은 질서와 통제에서 벗어나도 다시 새로운 환상에 사로잡히는 편집증의 상태와 유사하다.

맑스가 꿈꾼 공산주의는 사적 소유 이전의 거대한 에너지, 즉 경계 이전의 상태로 돌아가는 것이었다. 이는 라캉이 말한 실재로 돌아가는 것과 비슷하다. 하지만 스탈린 이후 공산주의는 질서와 통제를 강화하는 방식으로 발전해 강박증적 질서에 빠졌다. 자본주의는 흐름을 확장하려 했지만 계층 간의 구분이나 폐쇄된 공동체gated community 같은 흐름을 고착시키는 새로운 경계가 생겼다. 자유로운 에너지의 상태로 흐름을 강화하고자 했지만 편집증적 고착에 사로잡힌 것이다. 이처럼 자본주의와 공산주의는 둘 다 역설적인 한계에 도달했다. 이러한 사회적, 경제적 경계의 강화는 정신에서 견고한 자아가 강화되는 모습과 유사하다.[33]

흐름의 축적과 과잉, 생명체, 정신, 생태학적 체계

자본주의와 공산주의는 흐름을 통제하는 양극단의 방식을 보여준다. 공산주의는 흐름을 조절하여 통제하는 반면 자본주의는 흐름을 자유롭게 흘러가게 한다. 자본주의와 공산주의가 공통적으로 추구하는 이상적인 지점은 넘치지도 않고 모자라지도 않는 원활한 흐름의 상태다. 앞서 보았듯이 들뢰즈, 바디우, 맑스가 문제로 삼은 것은 흐름의 증가와 확장 자체보다는 흐름이 원활하게 이루어지지 않고 축적되고 고착되는 것이다.[34] 이런 사회의 흐름 문제는 생명체와 정신의 영역과 밀접하게 연관된다.

사회가 변화하고 발전하면서 흐름이 증가하는 것은 생명체가 흐름의 구분이 없는 원생동물에서 흐름이 분화되고 조직화되는 고등동물로 진화하는 것과도 유사하다. 생명체 내에서도 흐름의 확장 자체가 문제가 되지는 않지만, 혈류가 고착될 때 혈전증, 심근경색 등의 문제가 발생한다. 정신 병리에서도 방어기제로서의 자아는 필요하지만, 자아에 리비도가 지나치게 집중되어 과잉이 될 때 문제가 발생한다. 현실에서 생활하기 위해서는 어느 정도 환상이 필요하지만, 환상이 과도해질 때 문제가 되는 것이다. 신경증과 정신병은 공산주의와 자본주의처럼 리비도의 흐름이 조직되는 양극단의 방식으로 도출된다.

우리가 추구해야 할 지점은 두 방식 사이의 중간 어딘가이다. 적당한 규율과 억압은 정신을 안정시킬 수 있지만, 과도한 초자아의 통제는 리비도의 흐름을 막아서 신경증이나 우울증에 빠지게 한다. 규율이 없는 정신은 자유롭지만 정신의 붕괴를 유발할 수 있다. 경제 사회도 이와 마찬가지다. 과도한 규제는 경제를 안정시키지만 경제의 흐름 자체를 막아버릴 수 있다. 규제가 최소화된 완전한 자유시장경제는 흐름의 자유를 보장하지만 시스템의 붕괴를 초래할 수 있다. 경제, 사회, 도시에서 경계를 적절하게 구성하고 흐름을 원활하게 만드는 데 적용해야 할 것은 다름 아닌 생물학적이고 생태학적인 관점이다. 우리가 새롭게 상상해야 하는 체계는 공산주의도 자본주의도 아닌 생태학적 체계인 것이다.

결론

본론에서 말했듯이 인간의 불행은 무한의 흐름을 유한의 체계 안에 재현하려는 것에서부터 시작되었다. 인류는 무한한 자연과 유한한 체계 사이의 유사성을 찾는 데에 만족하던 르네상스, 무한을 유한 안에서 재현하려고 한 고전주의를 거쳐 시간성 안에 무한을 포착하려는 근대에 이르렀다. 산업혁명 이후로는 가속화가 점점 심해져, 규율과 법으로 시공간을 분절하던 근대 규율사회는 통제를 내면화하고 자기 스스로를 관리하는 현대 성과사회로 변화한다. 근대 규율사회의 도시가 감옥, 학교, 병원, 공장 같은 생산과 규율 위주의 장소로 구성된 반면, 현대 성과사회의 도시는 쇼핑몰, 터미널, 공항 같은 소비와 이동 위주의 비장소, 정크 스페이스로 구성된다. 흐름과 규모가 과해지는 동시에 고착도 증가한다. 과잉생산, 과잉 축적, 과잉 흐름이 현대도시의 특징이다.

이런 근대도시와 현대도시의 대조가 신경증과 정신병의 대조와 밀접하게 연결된다는 점은 중요하다. 앞에서 보았듯이 도시는 기본적으로 신경증적 체계라고 할 수 있지만 현대도시에서는 과도한 흐름 때문에 정신병적 성격이 나타난다. 현대인들은 지나친 잉여 향유의 흐름 안에서 우울증과 소진 증후군을 겪는다. 그리고 도시의 모습은 사회의 특성을 그대로 반영한다. 공산주의는 흐름을 최소화하려는 과소주의의 관점, 자본주의는 흐름을 최대화하려는 과대주의의 관점을 갖는다.

전 지구적 물질대사의 측면에서 경제를 연구한 바타유는 과도한 축적을 '저주받은 몫'이라고 불렀다. 생태적 관점에서 에너지는 과도하지도 과소하지도 않은 적당량이 순환할 때 가장 바람직하다. 도시도, 사회도, 정신도 이러한 생태적 순환의 흐름을 닮아갈 때 가장 최적의 상태를 유지할 수 있다.

자본주의나 공산주의는 자원과 자본의 흐름을 조절하는 원리이다. 흐름의 원리는 모두 자연과 연결된다. 크게 보면 경제학은 지구와 연결된 생명체들의 에너지와 물질의 흐름, 즉 물질대사를 조절하는 것이다. 자본주의의 위기와 공황도 물질대사의 원리로 설명할 수 있다. 인간 정신에서는 증상이나 트라우마가 공황과 같은 원리로 작동한다. 자본주의의 위기를 타개하기 위한 해결책은 공산주의처럼 흐름을 정지시키는 것이 아니라 흐름을 조절하는 것이다. 맑스도 이 점을 알고 있었다. 맑스의 생각에서 발전하여 현재 이런 관점은 생태주의적 사회주의, 생태주의적 자본주의라는 이름으로 연구되고 있다. 자본주의와 환경의 문제를 생태적 흐름과 물질대사의 측면에서 바라보는 접근법이 요구되는 것이다.

시스템에서 많은 문제는 무한의 흐름을 유한한 시스템 안에 수용하려고 하면서 발생한다. 정신에서는 무한한 욕망을 유한한 신체에 재현하려고 할 때 여러 문제가 발생한다. 자본주의에서는 유한한 시스템 안에 무한한 욕망을 재현하려다 공급과잉으로 인한 문제가 일어난다. 자본주의 도시에서도 유한한 공간 안에 인구, 재화, 물류의 무한의 흐름을 재현하다가 문제가 일어난다.

시스템은 유한하기에 수용하지 못하는 초과분이 항상 생긴다. 정신에서는 카오스의 힘인 실재에 대해 적당한 질서가 형성되지 못할 때 분열증이 생긴다. 반대로 질서 체계인 상징계의 구속이 너무 과도할 때는 강박증이 나타난다. 경제에서는 생산의 초과분을 해소하지 못할 때, 즉 과잉생산을 소비하지 못할 때 시스템이 정지해버리는 공황이 닥친다. 끊임없이 성과를 요구하는 현대의 피로사회는 강박증적 질서 안에 정신병적 흐름이 과도하게 흐르는 과잉 사회의 성격을 갖고, 과도한 흐름으로 유지되는 현대도시는 과잉 도시의 성격을 갖는다.

그런데 사회를 작동시키는 것은 자연의 흐름과 문명의 시스템만이 아니다. 자연과 문명 사이에 있는 욕망, 이데올로기, 환상 역시 사회가 작동하는 데 중요한 역할을 한다. 본론에서 언급했듯이 실재와 상징계 사이에서 긴요한 역할을 하는 것이 바로 상상계이다. 환상은 어떻게 작동할까? 환상은 사회에서 어떤 역할을 하고 있는가? 환상을 제거하고 살아갈 수는 없을까? 이런 질문들은 2권 『환상도시』에서 이어진다.

미주

도시의 정신분석을 시작하며

1 chaos는 그리스어 χάος(Khaos)에서 나온 단어로 '열린 틈'이라는 뜻이다. 주로 '혼돈' 또는 '카오스'로 옮기며, 그 반대말인 cosmos는 '질서' 또는 '코스모스'로 옮긴다.

2 나는 『라캉, 바디우, 들뢰즈의 세계관』에서 혼돈을 마그마와 초콜릿 반죽에 비유하고, 질서를 마그마가 끓다가 굳어진 지각, 초콜릿 반죽이 끓다가 식어서 만들어진 초콜릿 껍질에 비유해서 설명했다. 즉 우리가 믿는 질서는 혼돈에 비하면 부분적이고, 일시적이고, 이차적이라는 점을 설명한 것이다. 『라캉, 바디우, 들뢰즈의 세계관』과 이 시리즈의 연관성은 뒤에서 자세히 서술할 것이다.

3 들뢰즈와 과타리는 욕망 기계를 흐름hyle의 절단coupure과 채취prélèvement라고 설명한다.

1부 흐름으로서의 도시

1 자연의 무규정적인 성격은 뒤에서 설명할 라캉의 실재 개념, 칸트의 숭고sublime 개념과 연결된다. 숭고는 감당할 수 없는 무규정적인 힘을 마주할 때 느끼는 무능력한 감정을 말한다.

2 '프랑스의 섬'이라는 뜻으로 하천 사이의 땅이 많아 이런 이름이 붙었으며, 우리나라의 수도권과 비슷한 개념이다.

3 조르주 바타유는 과잉 축적된 에너지를 소비하는 것을 '비생산적 소비consommation improductive'라고 부른다. 과잉 축적된 에너지가 소비되지 못할 때 사회적 폭발이 일어나는데, 그 대표적인 예가 전쟁이다. 조르주 바타유, 『저주받은 몫』 참조.

4 뉴턴은 이를 유율fluxion이라 칭했고 이것은 미분의 기원이 된다.

5 뉴턴 이전에 케플러와 갈릴레이를 거쳐 근대 천문학과 역학의 기초가 마련되었다.

6 이것은 수학적으로 엄밀한 방법은 아니었고, 18세기 초반에 코시, 볼차노와 바이어슈트라스가 엡실론-델타 논법을 개발해 극한을 정의했다.

7 이 생각은 미셸 푸코가 『말과 사물』에서 고전주의 시대의 에피스테메가 '재현'이었다고 지적한 것과 일맥상통한다. 이 내용은 다음 장에서 자세히 설명할 것이다.

8 '아케이드arcade'는 어원상 '아치arch'의 집합체를 뜻한다. 원래는 성당이나 수도원의 아치형 회랑을 뜻했으나, 19세기 파리의 '파사주passage'를 영어로 번역하면서 '아케이드'가 사용되었고 현재는 회랑 형태의 상업 공간이라는 뜻으로 의미가 확장되어 쓰이고 있다.

9 이 시기에 만들어진 단어로 여유 있게 산책하는 사람을 만보객flâneur이라고 불렀다. 만보객은 시간에 쫓기지 않는 여유롭고 부유한 형편을 과시하기 위해 거북이를 끌고 다니기도 했다.

10 이 시대구분은 미술사의 구분과는 다르다.

11 transcendantal은 '선험적' 또는 '초월론적'으로 번역되는데, 경험 이전에 경험의 가능 조건이 된다는 뜻이다.

12 에피스테메는 '시대정신zeitgeist'이나 토마스 쿤이 말한 '패러다임paradigm'과 완전히 일치하지 않더라도 비슷한 뜻을 가진다.

13 푸코는 『말과 사물』에서 르네상스 시대보다 고전주의 시대와 근대에 대해서 훨씬 자세히 설명한다.

14 김상환, 〈푸코의 『말과 사물』〉.

15 보통 철학에서는 근대를 데카르트 이후나 칸트 이후로 생각한다. 미술과

건축에서는 일반적으로 19세기 말과 20세기 초반 아방가르드의 등장부터를 근대로 보고, 20세기 중반부터를 현대로 본다. 푸코의 시대구분은 칸트 이후를 근대로 보는 철학사의 관점과 유사하다.

16 MVRDV는 진화론, 발생론의 근대 에피스테메뿐 아니라 탈인간적인 현대의 성격도 가지고 있다.

17 이는 복잡계과학의 한 가지 측면만을 부각시킨 것이다. 복잡계과학의 급변 이론, 창발, 혼돈의 가장자리 등 다양한 측면은 무시되었다. 이것들에 대해서는 3권 『사건 도시』에서 자세히 다룰 것이다.

18 '통치하다gouverner'와 '정신성mentalité'의 합성어이다.

19 미셸 푸코, 『생명 관리 정치의 탄생』, 319쪽. 푸코는 1979년 3월과 4월의 강의에서 '호모 이코노미쿠스'의 역사적, 철학적, 사회적 성격에 대해 자세히 설명한다.

20 이 글은 *L'Autre Journal*, 1990년 5월호에 처음 게재되었다.

21 들뢰즈의 용어 '통제 사회'는 뒤에서 구체적으로 살펴볼 한병철의 '성과사회'나 '피로사회'와 동일한 맥락에서 사용된다. 다만 신자유주의의 현대사회에서는 눈에 보이는 통제는 최소한으로 줄고 자신도 모르는 사이에 스스로를 통제하게 된다는 점에서 통제 사회보다 피로사회나 성과사회라는 용어가 더 정확하게 상황을 묘사한다고 생각해 이 책에서는 후자의 용어들을 주로 사용한다.

22 들뢰즈는 『천 개의 고원』에서도 기술의 변화를 민감하게 포착해 연구한 폴 비릴리오를 자주 인용한다.

23 들뢰즈가 시몽동의 개체화 이론에서 가져온 용어이다.

24 Nancy Fraser, "From discipline to flexibilization?: rereading Foucault in the shadow of globalization", p. 160; 성지연, 「생기론적 건축에 나타난 신자유주의적 통제 사회 담론에 대한 연구」, 26쪽에서 재인용.

25 토니 마이어스, 『누가 슬라보예 지젝을 미워하는가?』, 112쪽.

26 맹정현, 『리비돌로지』, 273쪽. 정신분석가 맹정현은 현대사회에 대해 한병철과 비슷한 진단을 내린다. "거리의 소멸, 시선의 종말, 언어에서 은유가 작동하지 않는다. 주체, 타자, 경계가 없다=보드리야르의 외설성."

27 같은 책, 115쪽. "모든 것이 만족될 때, 세상이 포르노가 될 때, 실재에 근

접할 때, 즐겁지 않다."

28 미셸 푸코, 『말과 사물』, 526쪽.

2부 도시와 정신 병리

1 질 들뢰즈·펠릭스 과타리, 『천 개의 고원』, 826쪽; 피에르 클라스트르, 『국가에 대항하는 사회』 참조.

2 질 들뢰즈·펠릭스 과타리, 『안티 오이디푸스』, 382쪽.

3 조현일, 『1000: 드란다/들뢰즈/블로델/복잡계/비선형 역사관』, 121쪽.

4 콜럼버스는 그와 후손들에게 귀족의 칭호와 제독의 계급을 부여하고 새로 발견하는 땅에서 얻는 수입의 10퍼센트와 모든 무역 거래의 1/8을 자신의 지분으로 주기를 요청했을 뿐 아니라 그를 발견한 땅의 총독으로 임명해 달라는 조건을 걸었고, 결국 허락을 구해 후원을 받았다.

5 기존의 코드를 넘어서는 코드를 덧씌운다는 의미로 '덧코드화'라고 번역되기도 한다.

6 탈코드화와 탈영토화, 초코드화와 재영토화가 반드시 일치하는 것은 아니다.

7 들뢰즈·과타리, 『안티 오이디푸스』, 339쪽; Etienne Balazs, *La Bureaucratie Céleste* 참조.

8 홍무제의 사망 이후 중국에서도 상업은 그 어떤 산업들보다 중요한 산업으로 떠오르기 시작했다. 네덜란드와 포루투갈 상인들을 통해 남미에서 유입된 은이 화폐로 통용되었고, 대부분의 규제는 후대 황제들에 의해 사라졌다.

9 들뢰즈·과타리, 『안티 오이디푸스』, 439쪽. "자본주의의 탈코드화된 흐름의 공리계가 절대군주의 초코드화를 대체한다."

10 들뢰즈·과타리, 『천 개의 고원』, 865쪽.

11 들뢰즈·과타리, 『안티 오이디푸스』, 372쪽.

12 같은 책, 388쪽.

13 들뢰즈는 이렇게 자본의 흐름이 확산되고 그 영역을 넓혀가는 것이 분열증적이라고 말한다.

14 그러면 자본주의는 어떤 체계의 발생에 저항하고 있을까? 블록체인에 기반을 둔 분자적 경제체제일까? 새로운 기술에 기반을 둔 초국가적 기업 경제체제일까? 자본주의가 무엇에 저항하고 있는지 유심히 살피면 미래에 대한 실마리를 찾을 수 있을지도 모른다.

15 죽음충동에 대해서는 3권 『사건 도시』에서 더 자세히 설명할 것이다.

16 장 프랑수아 리오타르, 「질문에 대한 답변: 포스트모더니즘이란 무엇인가」; 서동욱 엮음, 『미술은 철학의 눈이다』, 308쪽에서 재인용.

17 들뢰즈·과타리, 『천 개의 고원』, 953쪽. "매끄러운 공간이 우리를 구원하기에 충분하다고 믿어서는 안 된다."

18 Douglas Spencer, "Smooth operators: architectural Deleuzism in societies of control"; *The Architecture of Neoliberalism: How Contemporary Architecture Became an Instrument of Control and Compliance*; 성지연, 「생기론적 건축에 나타난 신자유주의적 통제 사회 담론에 대한 연구」, 3쪽에서 재인용.

19 미야자키 마사카쓰, 『처음 읽는 돈의 세계사』, 137쪽.

20 마르크 오제, 『비장소』, 173쪽.

21 공간과 장소는 혼용되지만 다음 같이 구분되기도 한다. 공간은 x, y축으로 무한히 뻗어나가는 좌표의 성격이 강하다. 데카르트가 생각한 균질적 연장이나 뉴턴이 생각한 균질적 우주 공간 같은 개념에 맞닿아 있다. 한편 장소는 공간에 인간의 행위가 개입될 때 만들어진다. 말하자면 '장소=공간+행위'이다. 자리place는 특정한 지점을 말하는데, 그것이 바로 장소place가 갖는 특징이다. 공간은 균질적인 반면 장소는 비균질적이다. 공간은 확장적인 반면 장소는 중심적이다. 공간은 원심적인 반면 장소는 구심적이다. 공간은 보편적인 반면 장소는 특수하다.

1920-30년대에 근대건축가들은 자유로운 평면, 보편적 공간 같은 여러 공간 개념을 제시했다. 하지만 1960년대에 들어서 근대적 도시 공간의 단점이 지적되었고, 노르베르그-슐츠 같은 이론가들이 하이데거의 현상학을 건축에 접목해 장소 개념으로 근대적 공간을 넘어서고자 했다. 1980년대 이후로 현대건축가들은 프로그램이나 이벤트에 집중하고 있다.

22 같은 책, 184쪽.

23 같은 책, 97쪽.

24 같은 책, 99쪽. 오제는 우주 항공기지, 놀이공원, 유무선 네트워크까지도 비장소에 포함시킨다.

25 같은 책, 117쪽.

26 같은 책, 150쪽.

27 같은 책, 176쪽. 옮긴이 이상길은 초근대성이 탈근대성postmodernity, 후기 근대성late modernity, 고도근대성high modernity, 과잉 근대성hyper-modernity, 액체 근대성liquid modernity 등과 관련이 있으나 초근대성에는 근대를 넘어서고 과잉의 상태에 있다는 의미가 강하며, 그에 담긴 견해가 프레드릭 제임슨, 앤서니 기든스, 데이비드 하비, 장 보드리야르, 질 리포베츠키와 공명한다고 평한다.

28 당시에 쇼핑몰은 냉전 체제하에 핵전쟁을 대비한 대피소의 역할도 겸하도록 계획되었다.

29 Rem Koolhaas, *The Harvard Design School Guide to Shopping*, pp. 408-422.

30 위와 같음.

31 이에 대해서는 3부 2장 「자본주의 도시의 흐름과 분열증」에서 자세히 설명할 것이다.

32 Adam Frampton et al., *Cities Without Ground: A Hong Kong Guidebook* 참조.

33 뉴욕에서도 초창기에 홍콩 같은 보차분리 계획을 세웠으나 실현되지 않았다. 한편 몬트리올은 혹독한 겨울 날씨 때문에 도시의 보행 시설을 지하로 옮겼다. 건물 지하에 주요 상업 시설이 위치하고 건물들끼리 지하에서 서로 연결되어 거대한 지하 네트워크를 형성한다. 파리의 아케이드나 홍콩의 데크가 지하에 만들어진 것이라고 볼 수 있는 이 지하 쇼핑몰은 지하철과도 연결되어 있다. 흐름과 연계된 시설이 지하에 형성된 사례다.

34 메타볼리즘은 신진대사라는 뜻으로 1960-70년대 유행한 메가스트럭처megastructure 운동과 생물학적 패러다임이 결합된 건축이다. 콜하스는 건축가들이 정크 스페이스를 처음 생각해내고 그것을 메가스트럭처라 칭했다고 말한다. 메가스트럭처나 메타볼리즘은 싱가포르나 도쿄의 거대 건축을 떠올리게 한다.

35 콜하스는 정크 스페이스가 상부 조직 없이 하부 조직만 있는 공간이라고

말한다.

36 라캉의 실재에 대해서는 3권 『사건 도시』에서 자세히 설명할 것이다. 실재는 현실에 모습을 나타내는 경우가 거의 없고, 나타나더라도 순식간에 사라지기 때문에 도시 공간에서 그 모습을 찾기는 어렵다. 도시의 실재를 분석할 때 실재부터 현실까지를 실재-자연-정크 스페이스-조닝 같은 여러 개의 층위로 나누어 점진적 발생으로 생각할 수 있다.

37 들뢰즈·과타리, 『안티 오이디푸스』, 436-437쪽. "자본주의는 자기가 처음에 탈영토화한 것을 끊임없이 재영토화한다. … 탈영토화와 재영토화라는 두 운동의 동시성을 갖는 것 같다."

38 같은 책, 437쪽. "현대사회는 탈코드화와 탈영토화에서, 전제군주 기계의 폐허에서 태어났기 때문에 현대사회가 초코드화하고 재영토화하는 통일체로서 부활시키고자 하는 원국가와 현대사회들을 하나의 절대적 문턱으로 끌고 가는 풀려난 흐름들 사이에 붙잡혀 있다. … 현대사회들은 두 방향 사이에 붙잡혀 있다. 의고주의와 미래주의, 신-의고주의와 탈-미래주의, 편집증과 분열증 사이에."

39 같은 책, 505쪽. "자본주의는 탈영토화와 뗄 수 없지만, 재영토화들을 통해서 이 운동을 쫓아낸다."; 같은 책, 438쪽. "현대사회는 한 극에서는 울타리를 치지만, 다른 극을 통해서는 흐르거나 흘러나온다. 현대사회는 끊임없이 자기보다 지체되는 동시에 자기보다 앞선다."

40 jouissance는 향락, 향유 등으로 번역된다. 프랑스어 jouir에는 성적으로 즐긴다, 법적 권리를 누린다는 뜻이 있다. 맹정현은 주이상스를 쾌락을 주는 에너지, 충동의 동력학적 요소로 설명한다(맹정현, 『리비돌로지』, 229쪽). 향락, 향유는 주이상스가 갖는 에너지로서의 성격이 약하므로 이 책에서는 주로 '주이상스'로 옮긴다.

41 도식에 대한 더 상세한 설명은 나의 『라캉, 바디우, 들뢰즈의 세계관』을 참고하길 바란다. 실재계, 상징계, 상상계에 대한 자세한 설명은 2권 『환상 도시』에서도 계속될 예정이다.

42 여기서 댐은 상징계, 물은 실재에 해당한다.

43 2권 『환상 도시』에서 자세히 설명하겠지만, 사실 현대사회나 도시도 법과 규범에 의해 작동하기 때문에 기본적으로는 상징계에 속하는 신경증적 체

계라 할 수 있다. 다만 그 안에서 과도한 흐름으로 인한 정신병적인 성격이 나타나는 것이다.

44 리비도와 관련해 들뢰즈와 과타리는 욕망을 결여가 아닌 충만한 것으로 보는데, 이 점은 라캉, 바디우, 한병철이 결여, 공백, 정지의 이론으로 파악하는 욕망과 상충하는 것처럼 보인다. 하지만 자본주의사회의 탈코드화되고 탈영토화된 흐름을 강조하고, 현대사회를 감시체계가 내면화된 사회로 보는 것은 한병철의 관점과 일맥상통한다. 이 문제에 대해서는 3권 『사건 도시』에서 자세히 다룰 것이다.

45 박규태, 『일본정신분석』, 597쪽. 여기서 박규태는 일본 사회를 설명하면서 근대 규율사회를 금지 사회로, 현대 성과사회를 주이상스 사회로 칭한다.

46 신경증자의 충동은 구순기, 항문기, 남근기, 성기기를 거쳐 리비도가 집중되면서 일어난다.

47 한병철, 『피로사회』, 102쪽. 한병철은 규율사회에서는 초자아가, 피로사회에서는 자아 이상이 작동한다고 해석한다. "규율사회에서 성과사회로 이행하는 과정에서 초자아는 긍정화를 통해 이상적 자아가 된다. 초자아는 억압적이다. … 억압적인 초자아와는 달리 이상적 자아는 유혹적이다."

48 위와 같음. "복종적 주체가 초자아에 예속된다면, 성과 주체는 자신을 이상적 자아에 기투한다. … 초자아에게서는 부정적 강제가 발생한다. 반면 이상적 자아는 긍정적 강제력을 발휘한다. 초자아의 부정성은 자아의 자유를 제한하지만, 이상적 자아를 향한 기투는 자유의 행위로 해석된다." 자아는 법의 제한을 받아들이면서 주체로 거듭난다. 주체subject는 어원에서부터 밑에sub 예속된 것을 뜻한다. 즉 주체는 예속 주체이며, 법과의 관계가 주체의 성격을 결정한다. 프로젝트project는 독일어 Entwurf(계획, 구상, 초고)를 가리키며, 하이데거의 용어로 '기투企投'로 번역된다. pro는 '앞에', ject는 '던져진'이라는 뜻이다.

49 증상(즉 실재)을 없애느냐, 증상을 받아들이냐에 대한 태도는 혁명을 지연시키느냐, 혁명을 받아들이느냐에 대한 태도와 연결될 수 있다. 이 내용은 3권 『사건 도시』에서 더 살펴볼 것이다.

50 한병철, 『피로사회』, 11쪽. 우울증에는 신경증적 우울증과 정신병적 우울증이 있는데, 멜랑콜리는 정신병적 우울증이다. 한병철은 21세기에 대해

신경증적이라고 말하지만, 이때 예로 들고 있는 질환들은 신경증이 아닌 정신병에 속한다. “21세기의 시작은 병리학적으로 볼 때 박테리아적이지도 바이러스적이지도 않으며, 오히려 신경증적이라고 규정할 수 있다. 신경성 질환들, 이를테면 우울증, 주의력결핍과잉행동장애, 경계성성격장애, 소진 증후군 등이 21세기 초의 병리학적 상황을 지배하고 있는 것이다.” 이후 뒤(「우울 사회」)에서 규율사회를 히스테리에, 피로사회를 우울증에 연결시키는 것을 볼 때 신경증과 정신병의 대립 구도를 사용하고 있음을 알 수 있다.

51 맹정현, 『리비돌로지』, 123쪽. 교환가치에서 사용가치를 뺀 미세한 차이를 최소한으로 만들기 위해서 상품을 과잉생산한다. 이는 요구에서 욕구를 뺀 차이인 욕망을 최소한으로 만들려는 것과 같다(욕망=요구-욕구). 이 내용은 2권 『환상 도시』의 2장과 3권 『사건 도시』의 2장에서 자세히 설명할 것이다.

52 같은 책, 132쪽; 지크문트 프로이트, 『정신분석학의 근본 개념』, 399쪽.

53 맹정현, 『리비돌로지』, 119-125쪽. 맹정현은 우울증 외에도 욕망이 주이상스를 능가할 때(J〈d) 리비도의 폭식, 일중독 증상이 생기고, 반대로 주이상스가 욕망을 능가할 때(J〉d) 과잉에 대한 구토, 거식증, 무소유가 발생한다고 말한다.

54 결국 두 가지 모두 현실은 아니다. 신경증의 질서는 환상phantasm으로부터, 정신병의 질서는 망상delusion으로부터 작동한다. 이에 대해서는 2권 『환상 도시』에서 자세히 살펴본다.

55 2권 『환상 도시』에서 자세히 살펴보겠지만, 흐름을 구성하는 것은 ‘대상*a*’라고도 불리는 ‘잉여 향유’이다. 현대는 과도한 잉여 향유에 의해 통제되는 시대라고 말할 수 있다. 상징계에서 과도한 잉여 향유의 흐름은 정신병적 증상을 불러일으킨다.

3부 물질대사와 자본주의

1 타자 개념에 대한 선구적인 영화로 〈외계 침입자들〉(1978)이 있다. 영화에서 외계인이 인간을 계속 전염시키는 것은 좀비와 유사하지만 영화의 의

미는 공산주의의 전파와 스파이에 대한 공포로 해석하는 것이 타당하다.

2 슬라보예 지젝은 에일리언을 라캉의 '대상 *a*'에 비교한다. 2권 『환상 도시』에서 자세히 설명할 것이다.

3 이 점에서 좀비는 뱀파이어보다 영화 〈매트릭스〉에서 자기복제하여 확장되는 스미스 요원들과 더 유사하다고 할 수 있다.

4 들뢰즈·과타리, 『안티 오이디푸스』, 556쪽. "좀비는 일을 잘하고 이성을 되찾은 고행의 분열증자들이다."

5 들뢰즈·과타리, 『천 개의 고원』, 818쪽. "좀비, 즉 살아 있는 죽은 자(=생중사)라는 신화는 노동의 신화이지 결코 전쟁의 신화가 아니다."

6 그램 질로크, 『발터 벤야민과 메트로폴리스』, 280쪽 참조.

7 그럼에도 〈신세기 에반게리온〉은 주체(이카리 신지)의 결여에 주목한 반면 〈에반게리온 신극장판〉은 대타자(이카리 겐도)의 결여를 주제로 한다는 점에서 시대 변화에 적응하고 있다고 볼 수 있다.

8 샘 레이미의 영화 〈스파이더맨 2〉(2004)에서 스파이더맨이 히어로 복장을 입고 피자 배달을 하는 장면은 인상적이다.

9 한병철, 『피로사회』, 26, 94쪽; 『타자의 추방』, 41쪽 참조.

10 박규태, 『일본정신분석』, 597쪽.

11 바디우는 진리가 정치적, 예술적, 수학적, 심리적 상황에서 발생한다고 본다. 바디우의 사건 이론에 대해서는 3권 『사건 도시』에서 자세히 설명할 것이다.

12 바디우와 지젝의 주도로 2014년 서울에서 〈멈춰라, 생각하라〉라는 세미나가 열렸다.

13 정보과학, 인공지능학, 뇌과학, 진화심리학, 진화인류학이 대표적으로 철학의 자리를 대체하고 있는 과학이다.

14 바디우는 라캉 정신분석에 집합론을 결합하고, 지젝은 라캉 정신분석에 헤겔 철학을 접목시킨다.

15 실제로 바디우는 한병철의 책 『에로스의 종말』의 서문을 썼다.

16 들뢰즈와 바디우의 차이점과 공통점은 3권 『사건 도시』에서 더 자세히 다룰 예정이다.

17 들뢰즈의 경직/유연, 거시/미시, 선/선분, 혼돈/질서 같은 대조 쌍들은 그

사이 어딘가의 유연한 질서, 카오스모스를 찾기 위한 여정이다.

18 사사키 류지, 『한 권으로 읽는 마르크스와 자본론』, 205쪽.

19 같은 책, p.235. 맑스는 물질대사에 대해 이렇게 말한다. "사실 자유의 나라는 궁핍과 외적인 합목적성 때문에 강제로 수행되는 노동이 멈출 때 비로소 시작된다. … 이 영역에서의 자유는 오직 다음과 같은 것에서만 있을 수 있다. 즉 사회화된 인간(결합된 생산자들)이 … 이 물질대사를 합리적으로 규제하고 자신들의 공동의 통제하에 두는 것." Karl Marx, *Das Kapital III*; 강신준, 『그들의 경제, 우리들의 경제학』, 길, 2010, 231쪽에서 재인용.

20 같은 책, 218-219쪽. 생태학이라는 용어는 1866년 생물학자 에른스트 헤켈이 만들었으나 그 개념 자체는 19세기 초부터 농화학자 유스투스 폰 리비히가 사용하면서 여러 분야에 영향을 주었다. 물질대사라는 용어는 생리학에서 유기체의 생명 순환 활동을 뜻하며, 생산, 분배, 소비의 유기적이고 순환적인 활동을 다루기 위해 경제학에서도 사용되었다. 1851년 맑스는 생태학을 연구하던 의사 롤란트 다니엘스와 교류하면서 물질대사 개념에 주목하였다.

21 바타유는 태양을 무한한 에너지의 원천으로 설명하는데 이는 라캉의 실재 개념과 유사하다.

22 dépense는 낭비, 소모, 소진으로 번역될 수 있다. 이 책에서는 dépense를 소모로, consommation을 소비로 번역한다. 과잉 축적된 에너지를 어떻게 해소할 것인가? 이는 인간의 성적 에너지인 리비도에도 적용되는 문제다. 바타유에 따르면 생식은 생산적인 소비인 반면 에로티즘érotisme은 과잉 축적된 에너지를 비생산적으로 소비하는 방식이다. 에로티즘은 생산적인 소비인 종족 번식을 위한 성행위 이상의 어떤 것으로 동물의 욕구를 넘어서는 욕망이다. 이에 대해서는 3권 『사건 도시』에서 자세히 다룰 것이다.

23 김수행, 『자본주의 경제의 위기와 공황』, 123-124쪽 참조.

24 도시 주체의 정신 병리 현상과 도시 현상, 경제 현상이 흐름의 관점에서 일치하기도 한다. 도시, 경제, 사회, 유기체, 정신이 모두 흐름을 통제하고 조절하는 방식이라고 생각하면 그 현상이 일치하는 것은 당연하다.

25 들뢰즈·과타리, 『천 개의 고원』, 885쪽.

26 국가개입이 있는 수정자본주의는 강박증, 편집증, 분열증이 공존하는 상

태로 정부의 조정에 따라 리비도의 억압과 분출이 공존하며 나타난다.

27 자본주의 도시와 공산주의 도시를 비교할 때 난점은 20세기 후반에는 이미 두 가지 도시 유형이 서로 영향을 주고받으면서 장점을 공유하기 시작했다는 것으로, 이는 자본주의 체제와 공산주의 체제의 비교에 있어서도 마찬가지다. 현대 공산주의 도시에서 보이는 시장경제적 요소, 현대 자본주의 도시의 대중교통, 임대 주거, 문화센터 등은 각 도시에 서로의 특징들이 침투해 있는 예시이다. 이 책에서는 20세기 초반의 실험으로 제기된 극단적인 두 가지 유형의 특징들을 대조하여 설명할 것이다.

28 스탈린 이후의 공산주의는 맑스가 생각한 공산주의와는 너무나 다른 국가 전체주의가 되었다. 맑스가 생각한 공산주의는 소련, 러시아, 중국, 북한의 모습과 다른 것이었다. 맑스의 이상은 1920년대까지의 아방가르드 건축가들이나 도시계획가들의 작업에 남아 있다.

29 임동우, 『도시화 이후의 도시』, 32쪽 참조. 이 책에서 임동우는 평양과 서울을 비교하여 설명한다.

30 같은 책, 66쪽.

31 국민은행에서 홍익대학교에 의뢰해 내가 설계한 기본 계획안이 채택되었고 여러 교수님과 협업하여 완성한 'KB 국민은행 청춘마루'를 예로 들 수 있다. 모바일 거래가 증가하는 시대에 은행은 더이상 많은 지점을 필요로 하지 않는다. 은행은 점포를 문화시설로 전환해서 공공에 제공하고 홍보 효과를 얻고 있다.

32 공백은 혼돈의 다른 이름이 될 수도 있다. 구조의 변화를 촉발하는 원동력이기 때문이다. 이에 대해서는 3권 『사건 도시』에서 더 자세히 다룰 것이다.

33 자아란 근본적으로 상상의 산물이다. 자본주의와 공산주의도 이데올로기라는 상상계로 사회적, 경제적 경계를 구성해 자아와 매우 유사한 측면이 있다. 이에 대해서는 2권 『환상 도시』에서 자세히 다룰 것이다.

34 들뢰즈는 자본주의의 리좀적 확장 자체를 문제삼는 것이 아니다. 문제는 재영토화와 과잉 축적이 발생하는 것이다. 바디우와 한병철에게도 경계가 사라지는 것 자체가 문제가 되지는 않는다. 문제는 구조가 움직일 수 있는 공백, 빈칸이 사라지는 것이다.

참고 문헌

강신준, 『그들의 경제, 우리들의 경제학』, 길, 2010.

김상환, 〈푸코의 『말과 사물』〉, 네이버 열린연단 강연, 2021.

김수행, 『자본주의 경제의 위기와 공황』, 서울대학교출판문화원, 2013.

다윈, 찰스, 『종의 기원』, 장대익 옮김, 사이언스북스, 2019.

다이아몬드, 재레드, 『문명의 붕괴』, 강주헌 옮김, 김영사, 2005.

데란다, 마누엘, 『지능 기계 시대의 전쟁』, 김민훈 옮김, 그린비, 2020.

들뢰즈, 질·펠릭스 과타리, 『안티 오이디푸스』, 김재인 옮김, 민음사, 2014.

들뢰즈, 질·펠릭스 과타리, 『천 개의 고원』, 김재인 옮김, 새물결, 2001.

라이히, 빌헬름, 『파시즘의 대중심리』, 황선길 옮김, 그린비, 2006.

마이어스, 토니, 『누가 슬라보예 지젝을 미워하는가?』, 박정수 옮김, 앨피, 2005.

맑스, 칼, 『자본론』 1권, 김수행 옮김, 비봉, 2015.

맥닐, 윌리엄, 『전쟁의 세계사』, 신미원 옮김, 이산, 2005.

맹정현, 『리비돌로지』, 문학과지성사, 2009.

미야자키 마사카쓰, 『처음 읽는 돈의 세계사』, 서수지 옮김, 탐나는책, 2023.

바타유, 조르주, 『저주받은 몫』, 최정우 옮김, 문학동네, 2022.

박규태, 『일본정신분석』, 이학사, 2018.

벤야민, 발터, 『아케이드 프로젝트』, 조형준 옮김, 새물결, 2006.

사드, 『미덕의 불운』, 이형식 옮김, 열린책들, 2011.

사사키 류지, 『한 권으로 읽는 마르크스와 자본론』, 정성진 옮김, 산지니, 2020.

서동욱 엮음, 『미술은 철학의 눈이다』, 문학과지성사, 2014.

성지연, 「생기론적 건축에 나타난 신자유주의적 통제 사회 담론에 대한 연구」, 홍익대학교 대학원 석사학위 논문, 2022.

세르반테스, 『돈키호테』, 박철 옮김, 시공사, 2015.

스미스, 애덤, 『국부론』, 이종인 옮김, 현대지성, 2024.

오웰, 조지, 『1984년』, 권진아 옮김, 을유문화사, 2012.

오제, 마르크, 『비장소』, 이윤영·이상길 옮김, 아카넷, 2017.

임동우, 『도시화 이후의 도시』, 스리체어스, 2018.

장용순, ≪현대 건축의 철학적 모험 시리즈≫, ESA DESIGN, 2022(2010).

장용순, 『라캉, 바디우, 들뢰즈의 세계관』, 이학사, 2023.

제이콥스, 제인, 『자연에서 배우는 경제』, 송인성·송호준 옮김, 전남대학교 출판문화원, 2020.

조현일, 『1000: 드란다/들뢰즈/블로델/복잡계/비선형 역사관』, 접힘펼침, 2008.

지젝, 슬라보예, 『이데올로기의 숭고한 대상』, 이수련 옮김, 새물결, 2013.
질로크, 그램, 『발터 벤야민과 메트로폴리스』, 노명우 옮김, 효형출판, 2005.
칸트, 임마누엘, 『순수이성비판』, 백종현 옮김, 아카넷, 2006.
칸트, 임마누엘, 『판단력비판』, 백종현 옮김, 아카넷, 2009.
케인스, 존 메이너드 『고용, 이자, 화폐의 일반이론』, 이주명 옮김, 필맥, 2010.
콜하스, 렘, 『광기의 뉴욕』, 김원갑 편저, 세진사, 2001.
클라스트르, 피에르, 『국가에 대항하는 사회: 정치인류학 논고』, 홍성흡 옮김, 이학사, 2005.
푸코, 미셸, 『말과 사물』, 이규현 옮김, 민음사, 2012.
푸코, 미셸, 『생명 관리 정치의 탄생』, 심세광 외 옮김, 난장, 2012.
프로이트, 지크문트, 「자아와 이드」, 『정신분석학의 근본 개념』, 박찬부 옮김, 열린책들, 2020.
하이에크, 프리드리히, 『노예의 길』, 김이석 옮김, 자유기업원, 2024.
한병철, 『피로사회』, 김태환 옮김, 문학과지성사, 2012.
한병철, 『타자의 추방』, 이재영 옮김, 문학과지성사, 2017.
Balazs, Etienne, *La Bureaucratie Céleste*, Gallimard, 1968.
Deleuze, Gilles, "Postscript on the Societies of Control", *L'Autre Journal*, Mai 1990.
Durand, Jean-Nicolas-Louis, *Précis Des Leçons D'architecture*, Ulan Press, 2012.
Frampton, Adam, Jonathan D. Solomon, Clara Wong, *Cities Without*

Ground: A Hong Kong Guidebook, ORO Editions, 2012.

Rem Koolhaas, *The Harvard Design School Guide to Shopping*, Taschen America Llc., 2002[렘 콜하스·프레드릭 제임슨, 『정크스페이스, 미래도시』, 임경규 옮김, 문학과지성사, 2020].

찾아보기

ㅎ

ABC

2권 『환상 도시』의 차례

3권 『사건 도시』의 차례